CALLWEY

W0342473

wohne lieber ungewöhnlich

51
51
51

JANA JUNG / SIMONA HEUBERGER

wohne lieber ungewöhnlich

Die Lust am individuellen Einrichten

CALLWEY

Inhalt

Mix & Match

Wie man einen Anfang macht

▸ Küchen-Stillleben: Das Streifenbild hat die Bewohnerin selbst gemalt, die bonbonfarbenen Fifties-Kochtöpfe sind von ebay und der gusseiserne Ofen – er hat früher ein Chateau beheizt – kommt aus einem Antiquitätengeschäft in Verona.

◂ Wohnzimmer mit Aussicht: Das groß gezoomte Foto zeigt einen von Sandras Lieblingsorten, die Lobby des „Hotel Continental" in Taormina auf Sizilien.

▸ Die Clubsessel wollte eine Freundin auf den Sperrmüll bringen. Sandra stellt zwei Kostbarkeiten dazu: Hocker und Beistelltisch der Edelmarke Fornasetti.

Stil ist eine Diva

Stil betört mit Glanz und Stil provoziert. Gutem Stil gelingt es sich treu zu bleiben und sich dabei stets neu zu erfinden. Das sorgt in der Mode für Fantasie und Persönlichkeit, aber auch bei unserem Interieur. Umso mehr erstaunt es, wie wir bereit sind, Modetrends mitzumachen, uns aber scheuen, den eigenen vier Wänden, die uns tagtäglich umgeben, einen neuen Anstrich zu verpassen. Es ist die Angst vor zu viel Aufwand, vor zu hohen Kosten. Doch ein Make-over der Wohnung bedeutet in den seltensten Fällen, dass wir ein kleines Vermögen investieren oder gar Wände einreißen müssen. Wir brauchen auch keinen Innenarchitekten, der die ganze Einrichtung umkrempelt. Manchmal genügt der Besuch eines schönen Apartments oder das Blättern in einer Wohnzeitschrift, um längst gehegte Ideen selbst in die Tat umzusetzen. Manchmal sind es neue Stoffe, ein extravaganter Sessel oder eine farbige Wand, die unser Zuhause aufwerten und ins 21. Jahrhundert holen. Unsere Wohnungen sind ein permanenter „Work in Progress", im Prinzip sind sie nie fertig. Entsteht eine Einrichtung plötzlich aus einem Guss, sind wir enttäuscht, wenn sie sich glatt und seelenlos, wie ein mit Trendmobiliar voll gestellter Ausstellungsraum präsentiert. Ein spannendes Interieur wächst nach und nach, indem wir Dinge zusammentragen, die wir auf Reisen entdecken oder nach denen wir lange gesucht haben. Das heißt nicht, dass wir ständig kaufen müssen. Am Anfang steht fast nie das Bedürfnis nach einem neuen Tisch oder einem neuen Schrank, sondern der Wunsch nach Veränderung. Jünger soll unser Zuhause werden, oder erwachsen. Manchmal genügt es die Kommode neu zu platzieren und mit anderen Gegenständen zu dekorieren; verloren gegangene Begeisterung für die Schönheit von Dingen kann durch eine neue Art der Wahrnehmung zurückgewonnen werden. Stil ist keine Geldfrage, das beruhigt. Was wir aber brauchen sind Zeit, Leidenschaft und Mut.

◀ Fifties-Möbel mit Schwung: Der Servierwagen lässt sich flott an den Esstisch rollen. Der Plastikapfel, ein Eiskühler, ist aus den siebziger Jahren, der kleine Korbsessel von Schlichtes Design aus München

Altbewährtes, Modernes und viel Fantasie

„Wohne lieber ungewöhnlich" zeigt Ideen, die ausgefallen und leicht nachzumachen sind. Wie durch ein Schlüsselloch blinzelt man in das Zuhause von ganz unterschiedlichen Menschen. Gemeinsam ist ihnen allen eins: Der Spaß am Wohnen. Die Bewohner kommen selbst zu Wort, zeigen ihre Lieblingsstücke und erzählen die Geschichte, die dahintersteckt. Sie alle halten nichts von einer zusammengewürfelten Ikea-Wohnung, genauso wenig wie von durchgeplanten, aber unpersönlichen Komplettlösungen. Sie suchen Inspirationen in fernen Ländern, lieben es, immer mal wieder ihre Räume umzugestalten. Sandra zum Beispiel ist Wohn- und Lifestyle-Redakteurin und mag die Improvisation. Eine extravagante Lampensammlung steht stellvertretend für den Gesamtcharakter ihrer Wohnung. Wir entdecken chinesische Lampions, Lüster, schlichte Pendelleuchten, einen rot plissierten Schirm oder eine Applik in Ananasform. Sandra und andere Wohnungsbesitzer präsentieren den spannendsten Wohntrend der letzten Jahre: den mutigen Mix aus Altbewährtem, Modernem und viel Fantasie. Neoklassik, die fünfziger Jahre, die Achtziger – heute jagt ein Revival das nächste. Wir leben in einer Zeit, in der alles schon einmal da gewesen ist, auch im Design. Ein Schrank oder ein Tisch lassen sich nun mal nur bedingt neu erfinden. Die Gestaltung von Möbeln scheint ausgereizt, jede nur erdenkliche Form ausprobiert. Im Interiorbereich entsteht das Neue, ganz Persönliche, wenn bereits Bekanntes miteinander kombiniert wird. Wie wir selbst uns in mehreren Rollen definieren, fließen auch in unseren Wohnungen verschiedene Richtungen und Einflüsse zusammen. Wir lieben ferne Länder, alte Museen, opulente Grandhotels, gleichzeitig sehnen wir uns nach der Klarheit und Kühle einer modernen Umgebung und versuchen diese Stil-Vielfalt auf den Alltag zu übersetzen. Unseren Bedürfnissen behutsam Rechnung zu tragen erfordert Geschick. Denn auch wenn die Individualität unserer Zeit mehr Freiheiten lässt als jeder Einrichtungstrend davor, ist nur wenig dem Zufall überlassen. Wie genau sieht er aus, dieser neue Stil und wie bekommt man ihn hin? Wir zeigen Ihnen wie es geht.

▶ Moderne Tafelrunde: An Sandras Esstisch trifft ein weiß lasierter Biedermeierstuhl auf ein konstruktivistisches Meisterwerk aus dem 21. Jahrhundert.

◂ Eine Wachstischdecke ist bieder? Von wegen! Rot kariert setzt hier in der Küche einen frischen Farbakzent. Der plissierte Lampenschirm ist von Ikea.

▸ Manche Kochtöpfe sind zu schön, um sie im Schrank zu verstecken. Der leuchtend blaue von Enzo Mari für Le Creuset darf auch ohne Suppe auf dem Herd bleiben.

Finden Sie versteckte Schätze!

Sich für den Designerstuhl im Einrichtungshaus zu entscheiden, fordert weniger unsere Fantasie, als meist unseren Geldbeutel heraus. Ein Zuhause dokumentiert, was ein Mensch im Laufe seines Lebens angesammelt hat, nicht nur an materiellen Kostbarkeiten. Schnäppchen lassen sich in der Regel auf Floh- und Antikmärkten finden. Manchmal kosten besondere Einzelstücke auch gar nichts, weil sie längst auf dem Dachboden stehen, ein nostalgisches Gitterbett vielleicht, oder ein ausrangierter Servierwagen. Hochglanzpoliert oder mit Patina, geben solche Fundstücke unserem Zuhause oft mehr Charme als neue Serienprodukte.

So gelingt der Mix: ein paar ungewöhnliche Wohnweisheiten

Werden Sie mutig!

Echte Eleganz passt sich der Umgebung an. Das stimmt. Ebenso wie es stimmt, dass Brüche und Mut einer Wohnung Fantasie und Spannung verleihen. „Guter Geschmack" bis zur Türklinke durchgespielt kann schrecklich öde werden. Kein Mensch will wie aus dem Katalog leben. Und eben doch setzt Stil bei jener besagten Türklinke an. Die Gestaltung unseres eigenen Zuhauses ist komplex und hört nicht beim Kauf eines neuen Sofas auf. Wir zeigen Ihnen keine kurzlebigen Trends, wollen aber auch vermeiden, dass Sie sich auf die sichere Plattform des guten Geschmacks zurückziehen. Also: Bauen Sie Widersprüche auf! Legen Sie für die neue Edelstahlküche den alten Dielenboden frei, stellen Sie im Esszimmer Freischwinger auf den handgeknüpften Aubusson.

Bekennen Sie Farbe!

Farbige Wände regen die Fantasie an und schaffen Geborgenheit und Harmonie. Kombinieren Sie ruhig mehrere Töne im Raum. Vorbei sind die Zeiten, in denen Schlafzimmervorhänge, Bettüberwurf und Läufer in bravem Blassblau schimmerten. Wichtig beim Farbmix ist allerdings, dass es immer ein Möbel gibt, das den ruhigen Mittelpunkt bildet. Wenn Sie sich für geblümte Vorhänge und beim Boden für ein Hahnentrittmuster entscheiden, sollte das Sofa uni bleiben. Nichts gegen weiß getünchte Wände, aber die weiße Raufasertapete hat seit Jahrzehnten ausgedient!

Behalten Sie Ihre Lieblingsstücke!

Wir wollen, dass Sie Ihre liebsten Teile behalten, denn sie sind der ehrlichste und schönste Ausdruck Ihrer Persönlichkeit. In jeder Wohnung gibt es einen Gegenstand oder einen Platz, der dem Besitzer besonders wichtig ist. Das kann die Vitrine mit der chinesischen Vasensammlung sein oder das moderne Heimkino. Mit diesen Altären zeigt der Mensch, wer er ist und was ihm wichtig ist, hier werden Werte konzentriert. Stehen Sie zu Ihrer Leidenschaft und setzen Sie Ihre Lieblingsstücke anständig in Szene. Das Sideboard mit den liebevoll arrangierten Familienfotos wird auch Freunde und Besucher erfreuen.

Leben Sie bequem!

Form follows function. Das hat uns die Moderne vor knapp einem Jahrhundert gelehrt. Ein Sofa mit niedriger Rückenlehne sieht cool aus, aber Omas Sessel aus den Fünfzigern ist einfach doch bequemer. Entscheiden Sie sich getrost für den Ohrensessel. Stellen Sie ihn vor eine schrill tapezierte Wand oder beziehen Sie das Polster mit einer Pucci-Seide. So sieht er auch heute nicht altmodisch und langweilig aus, das Lounge-Sofa im Wallpaperlook umso mehr.

Setzen Sie Akzente!

Sie sind Purist und lieben die Moderne? Dann wollen wir Sie nicht zur Sofa-Garnitur von Versace überreden. Wir raten auch nicht zum Kronleuchter über der Designercouch – ein hoffnungsloses Klischee. Akzente setzen kann durchaus subtil erfolgen. Ein mit toffeefarbenem Samt anstelle von braunem Leder bezogener Clubsessel steht der Junggesellenwohnung vorzüglich. Auch der Einsatz von Knallbunt darf dezent sein, etwa bei der Kabelummantelung der Pendelleuchte. Baudetails können ein Interieur aufwerten und im ungünstigen Fall den Gesamteindruck einer Wohnung erheblich irritieren. Gegen holzbeige Fußbodenleisten aus Plastik hilft aber nur eines – drüberlackieren! Warum soll die Paspel nur Rock und Kleid stehen? Mutige streichen Leisten in einer Akzentfarbe, wie Tiefschwarz oder Blutrot.

Üben Sie!

Stil ist ein kreativer Akt und bedeutet, dass man ausprobiert, dass man verwirft, dass man neue Wege geht und zu Bewährtem zurückkehrt. Stöbern Sie in Shops und auf Märkten, bringen Sie Souvenirs und Erinnerungen von Reisen mit. Sammeln Sie Ihre Eindrücke – planen, suchen, träumen Sie und übertragen Sie die Wohnung im Kopf auf Papier. Schaffen Sie mit Stoffen, Mustern, Zeichnungen eine Collage, die zeigt, wie der Raum einmal aussehen könnte. Das kostet Zeit, aber es lohnt sich, weil die Arbeit Spaß macht, Vorfreude weckt und man es dem Ergebnis garantiert ansehen wird. Geschmack und Ästhetik setzen ein großes Maß an Erfahrung voraus. Nur dann erkennen Sie, dass das kitschige Messinglämpchen im Antiquitätengeschäft um die Ecke mit einem anderen Schirm in Ihrer Wohnung zu völlig neuem Leben erwacht.

Verlieben Sie sich!

Die schönsten Wohnideen verfehlen ihre Wirkung, wenn die Voraussetzungen nicht stimmen. Die meisten unserer Bewohner haben lange gesucht und sich dann spontan verliebt, in die perfekte Galeriewohnung mit Terrasse und in einen traumhaften Blick über die Dächer von München, oder in das Fifties-Apartment mit drei Meter breiten Fenstern und alten Steinböden in Küche und Bad. Sie dürfen mit Ihrer Einrichtung Versailles nach Hamburg verpflanzen, aber nicht unbedingt in ein Betonhochhaus aus den siebziger Jahren mit niedrigen Decken und braun lasierten Fensterrahmen. Die Räumlichkeiten binden uns. Achten Sie auch bei einer Mietwohnung darauf, dass der Rahmen stimmt. Auch wenn sie noch so praktisch sind – Kunstofffenster und ein Laminat-Parkett nehmen der schönsten Altbauwohnung den Charme. Oft lohnt bei Böden ein Blick darunter. Sie werden überrascht sein, was da Aufregendes zu Tage kommt: alte Dielen, Kacheln oder Beton.

AUBUSSON

Der Sonnenkönig und Madame Pompadour standen schon darauf – auf einem echtem „Aubusson", einem kunstvoll gewebten Teppich aus dem gleichnamigen Ort im Süden von Frankreich. Flämische Handwerker hatten im 14. Jahrhundert die Kunst der Teppichwirkerei dort hingetragen. Alsbald wurden die Schlösser und Burgen Europas mit den kostbaren Gobelins beliefert, 1665 ernannte Louis XIV. Aubusson zur königlichen Manufaktur. Figurative und ornamentale Darstellungen in feinsten Abstufungen und Farbnuancen sind bis heute das Kennzeichen der schmucken Bilder für Wand und Boden.

Siehe auch Seite 14

◂ Wunderbar weich scheint das Licht in der Diele. Sandra hat die Lampions, Originale aus China, über „Manhattan Gold" im Internet bestellt.

▸ Die Wandfarbe von Farrow & Ball „Stony Ground" nimmt den Farbton der Küchen-Deko wieder auf: Zwei italienische Kacheln und eine Applik in Ananasform zaubern südliches Flair.

▲ Ein mit Perlmutt und Perlrochen bezogener Nachttisch holt die Eleganz des Art Déco ins Schlafzimmer. Darauf passt zartes Glas.

◀ Zwei feminine Lämpchen, eine kostbare Schatulle – ein Tablett mit Glamour-Accessoires: So wird die Alu-Box zur Schlafzimmertruhe.

▶ Reduced to the Max: Die Matratze ruht auf einfachen Holzpaletten. Der alte Eckschrank stand bereits in Sandras Kinderzimmer.

Interview mit Sandra Wohn- und Lifestyle-Redakteurin

Was muss das Zuhause für dich erfüllen?
Es muss ein Platz zum Leben sein: Auf der einen Seite Schutz und Geborgenheit geben, auf der anderen Seite Platz zum Austoben und für Kreativität lassen.

Wie würdest du den Charakter deiner Wohnung beschreiben?
Improvisiert, sie hat den Charakter des Unfertigen. Das lässt Spielraum für Veränderungen. Ein guter Freund sagt immer: „Es steht Sandrine drauf." Die meisten Stücke sind mir sozusagen „spontan über den Weg gelaufen". Vieles begegnet mir auf Reisen. Einige Möbelstücke habe ich in Frankreich gekauft. Sie begleiten mich, weil sie schön und nützlich sind.

Dein liebstes Zimmer?
Das hängt von der Tages- und Jahreszeit ab: Morgens das Schlafzimmer, wenn ab sieben Uhr die Sonne hineinscheint und im Sommer die Vögel im Innenhof zwitschern. Am Vormittag das Wohn- und Arbeitszimmer, das hell und groß ist – in ihm kann ich mich wunderbar ausbreiten. Dann – nicht zu vergessen – das Badezimmer: Ich liebe es zu baden, besonders im Winter! Seit wir das Bad mit brombeerrotem Stucco verputzt haben, sieht es hier aus wie in einem Salon.

Und deine Lieblingsstücke?
Das ist sehr schwer zu beantworten. Die bunten gusseisernen Creuset-Töpfe, in denen es sich so genial kochen lässt und in denen alles so appetitlich aussieht? Auf alle Fälle! Und die Capron-Schalen aus denen uns morgens beim Kaffeetrinken so nette, bunte Fifties-Gesichter entgegenschauen ... der mobile Stufa mit dem Namen „Aigle", der vielleicht nie angeschlossen wird, aber auch mit einer dicken Kerze schon mollig warm wird ... und natürlich mein Sammelsurium an verschiedenen Steh-, Hänge- oder Wandleuchten. Allen voran der illuminierte Igel aus den fünfziger Jahren. Ich habe ihn in einer schrabbeligen Ecke auf dem Münchner Flohmarkt in der Arnulfstraße gefunden.

Dein wertvollster Gegenstand?
Der Schlüssel zu meiner Wohnung.

Welches Möbelstück besitzt du am längsten?
Meinen Eckschrank. Wir haben ihn in einem Antiquitätengeschäft gekauft, als ich zehn Jahre alt war, er stand schon in meinem Kinderzimmer. Er ist inzwischen viel herumgekommen: Paris, Karlsruhe, Düsseldorf, München ...

Wie oft stellst du deine Möbel um?
Meist, wenn etwas Neues hinzukommt. Man kennt das ja: Ein neuer Beistelltisch oder ein neues Bild – und nichts scheint mehr zusammenzupassen. Dann fange ich an zu rücken. Aber ich bin sehr viel moderater geworden. Als Kind oder Jugendliche habe ich bestimmt einmal im Monat umgeräumt, habe alle Varianten ausprobiert, die ein Raum und die zur Verfügung stehende Kombination von Möbeln hergibt. Meine Mutter war oft dem Nervenzusammenbruch nahe, weil ich die ganze Wohnung voll gestellt hatte und sie kaum zur Wohnungstür hereinkam.

▸ Lüster pendeln nicht nur von der Decke herab, dieser Kranz strahlt an der Wand. In filigranem Geäst haben sich zwei Papiervögel niedergelassen.

Was würdest du den verschiedenen Zimmern deiner Wohnung am liebsten zu Weihnachten schenken?
Balkon, Balkon, Balkon. Oder zumindest ein paar große Fenster, die bis zum Boden reichen.

Die schlimmsten Wohnsünden?
Laminat! und leicht unregelmäßige, leberwurstfarbene Baumarktfliesen! Nicht „artgerecht" (der Architektur- und Bauzeit entsprechend) gepflegte Wohnungen und Häuser.

In welchem Zeitalter hättest du am liebsten gelebt?
Ich lebe sehr gern im Hier und Jetzt, da wir so viele Möglichkeiten haben. Jede Stadt ist anders, jedes Viertel, jede Straße und jedes Haus. Heute leben wir in einem sehr sachlichen Atelier-Altbau mit 3,80 Meter hohen Decken und riesigen Fenstern, und morgen ziehen wir vielleicht schon in einen strahlend weißen Schürmann-Bungalow aus den Siebzigern.

Kann man guten Geschmack lernen?
Die Anlagen bekommt man meiner Meinung nach in die Wiege gelegt. Den Rest muss man sich mühsam erarbeiten, von Kindesbeinen an, jeden Tag. Nach dem Motto: „The more you see, the more you know". Geschmack ist ein Stück Lebenskultur und Kultur ist ein wertvolles Kapital.

◂ In kleinen Räumen wie dem WC lässt es sich wunderbar mit Wandfarben experimentieren. Hier strahlt ein ganz zartes Grün.

▸ Das Design von Toiletten-Papierhaltern langweilt Sie? Sandra hat ihren eigenen kreiert, aus einem Blech-Kleiderbügel.

T.C.BOYLE
DR. SEX

Farbschule

Das bunte Leben oder wie viel Farbe brauchen wir?

◀ So frisch kann Alpenglamour sein! Auf einer lindgrün gestrichenen Wand prangt ein Geweih nicht volkstümelnd, sondern radikal modern.

◀ Clubsessel sehen immer wie Zigarren aus, selbst wenn sie knallrot sind, wie diese hier.

▶ Bemalen oder tapezieren Sie die Innenseiten von Aufbewahrungsmöbeln und stellen Sie farbige Gläser und Porzellan hinein, so wird ein braves Küchenregal zum bunten Setzkasten.

Geschichte einer Sehnsucht

Mut zur Farbe. Sind wir ehrlich, oft finden wir den nicht. Das Thema überlassen wir Deutsche gern den anderen, den Franzosen, Italienern, Engländern. Das ist auch gar nicht verwunderlich. Schließlich wurde in den zwanziger Jahren am Bauhaus die Moderne geboren. Die „Götter in Weiß", wie der amerikanische Autor Tom Wolfe die Bauhauslehrer Walter Gropius, Mies van der Rohe und Le Corbusier bezeichnete, entwarfen damals eine radikale, zukunftweisende Architektur: die schlichte Box aus Stahl, Glas und Beton – in Weiß, Grau oder Schwarz. Im Inneren wurde Leere anstelle des gründerzeitlichen Horror Vacuis gesetzt: Nackte Wände, eine sparsame Möblierung – Status quo eines neuen Wohnstils und guter Geschmack für die kommenden Generationen.

Bis heute sind wir dem Bauhaus treu geblieben. Industriedesign made in Germany besticht nach wie vor durch seine Funktionalität. 1984 entwarf Otl Aicher für Bulthaup die erste Werkbank aus blankem Edelstahl und revolutionierte damit das Küchendesign weltweit. Am Ende der Dekade wurden die Bauhaus-Prinzipien durch eine neue Minimalismus-Welle potenziert. In den Neunzigern blickten wir dann bisweilen wehmütig aus unseren Lofts, blinzelten ins Ausland und wünschten uns ein wenig Venedig nach Hause, oder Paris, träumten von Wänden, bespannt mit rotem Damast oder frivolem Toile-de-Jouy. Mitte der Neunziger war es so weit. Auf einmal sprach jeder von „Living". Zeitschriften wie „Wallpaper" kramten den Retrolook hervor und machten warme Holztöne und wilde Muster wieder salonfähig.

Heute im globalen 21. Jahrhundert scheint ein Nebeneinander ganz selbstverständlich. Man darf sich auf seine Wurzeln besinnen: Bauhaus ja, aber bitte mit Fantasie, Glamour und Farbe. Wir (Deutsche) versinken deshalb noch lange nicht in Dekorationsräuschen, doch langsam entdecken wir, dass auch ein minimalistisches Apartment bisweilen einen frischen Anstrich verdient hat. Eine in Yves-Kline-Blau getünchte Wand zum Betonfußboden ist geradezu ein ideales Bekenntnis zur Moderne – und hebt zudem die Laune.

Erotic Food

Rot

Es ist die erste Farbe, der die Menschen einen Namen gaben. In einigen Sprachen ist das Wort rot gleichbedeutend mit dem Wort farbig, so auch beim spanischen colorado. Rot ist wild und dynamisch und nicht umsonst die Lieblingsfarbe für Ferraris. Auch unser Zuhause versetzt der Farbton in Spannung. Tomatenrote Wände machen Sie auf Dauer aggressiv? Dann gehen Sie behutsam vor. Probieren Sie einen Brombeerton für den Sessel, oder ein frisches Korallenrot für die Kabel-Ummantelungen Ihrer Leuchten – als Akzentfarbe ist Rot unschlagbar.

Siehe Bildbeispiel Seite 31 →

◂ Hier wurde der Komplementär-Kontrast Rot-Grün bis hin zum Blumendekor durchgespielt. Knallrote Hochglanz-Fronten machen aus dem Werkraum Küche einen Wohnraum.

◂ Mehr Meer: Eine blaugrüne Glasmenagerie schimmert hier in den Farben der Ozeane.

▸ Farbakzent trifft auf Farbfläche: Eine Fifties-Küchenuhr mit pinkfarbenem Ziffernblatt nimmt der dunkelroten Wand ihre Gediegenheit.

Knallfarben

Sie dürfen! Jawohl. Farbe im Wohnbereich heißt nicht, dass Sie sich für die brave Palette der Terrakotta- und Erdtöne entscheiden müssen. Im Gegenteil: Seien Sie hemmungslos, gehen Sie zurück in die Kindheit, entdecken Sie Zitronengelb, Lila, Türkis. Wer schon als kleines Mädchen Pink geliebt hat, wird heute nicht zu Rostrot greifen, weder beim Pulli noch beim Couchkissen. Natürlich ist das kein Plädoyer für babyrosa Schlafzimmerwände, aber probieren Sie doch mal einen zarten Lachston. Gerade die Engländer warten mit traumhaften Nuancen im Interiorbereich auf. Schmökern Sie in dem Bildband „Paint" des britischen Herstellers Farrow & Ball. Dort entdecken Sie Töne wie „Lancaster Pink" oder „Biddeston Blue". Die Lektüre wird selbst hartnäckige Puristen zur Wandfarbe bekehren. Achten Sie auf Qualität, das schützt vor bösen Überraschungen und vermeidet, dass das Pflaumenblau, das Sie im Sinn hatten, sich an der Wand als Milka-Lila entpuppt.

Grundsätzlich gilt: Antiquitäten passen wunderbar zu pastellfarben gestrichenen Wänden, moderne Möbel vertragen häufig klare, kontrastreiche Farben. Machen Sie nicht vor dem Fußboden halt! Weiße Kacheln verleihen der Edelstahleinbauzeile oft den Charme einer Gastroküche, ein flaschengrüner Mosaikboden dazu sieht dagegen umwerfend aus. Die günstigere Variante kann ein Linoleum sein. Sie werden überrascht sein, in welch aufregenden Tönen das Naturprodukt – übrigens ein Lieblingskind der Bauhaus-Architekten – zur Auswahl steht. Wenn Sie sich noch nicht so recht trauen, fangen Sie mit Flur oder WC an. Hier kann man sich austoben, ohne viel Zeit und Geld zu investieren. Wenn das WC in Racing Green nicht mehr gefällt, tapezieren Sie in der nächsten Saison einfach eine Chinoiserie darüber. Sie müssen auch nicht Ihr modernes Designer-Sideboard umlackieren, aber die Vintage-Kommode wird durch einen farbigen Anstrich wieder richtig salonfähig. Schüchterne sollten sich für Bilder oder – besonders schön – für eine bunte Glassammlung entscheiden. Farbiges Glas besitzt etwas Meditatives und Träumerisches – als wären wir wieder Kinder und ins Glasmurmelspiel versunken.

Schwarze Romantik

Die Farbe der Eleganz und der Erotik feiert immer wieder ein Comeback. Ein Gothic-Revival jagt in der Mode das nächste. Selbst wenn wir uns ganz sicher sind, dass John Galliano den schrillen Farbrausch bei Dior zum Postulat erhoben hat, zeigt Hedi Slimane in der darauf folgenden Männershow eine Kollektion konsequenter und dunkler denn je. Schwarz ist viel mehr als eine Farbe: Schwarz ist Haltung, Luxus, Schick, Trash und Moderne zugleich. Sie ist das „Nomen est omen" der Rockstars und Dandys. „Nur den großen Meistern des Stils gelingt es dunkel zu sein", so formulierte es Oscar Wilde, der große Ästhet des 19. Jahrhunderts. Mit keiner anderen Farbe lassen sich im Interiorbereich dramatischere Effekte erzielen und verschiedene Stile besser miteinander verbinden. Schwarz ist ein kleines Kombinationswunder, bisweilen mehr als Weiß. Ein dunkler Fußboden zieht alle Blicke auf sich und Möbel können darauf perfekt in Szene gesetzt werden. Bei der Wahl für die Galerie ihrer Etagenwohnung entschieden sich Ivonne und Yorn für eine einfache und spannende Lösung. Sie ließen den Estrich, der unter einem blauen Teppichboden zum Vorschein kam, tiefschwarz lackieren. „Die Farbe ist so schön klar, so als ob man etwas auf den Punkt bringt", meint Ivonne. „Ein buntes Kleid hat etwas Erfrischendes, aber der gleiche Schnitt in Schwarz ist reduzierter und wesentlicher, man sieht jeden Schnittfehler sofort." Sie weiß von was sie spricht. Die Designerin präsentiert seit zwei Jahren ihre eigene Mode-Kollektion. Atelier, Schneide- und Ankleideräume befinden sich im unteren Geschoss der Wohnung am Münchner Viktualienmarkt. Das Dachgeschoss ist Wohnraum, sein glänzender Bodenguss das verbindende Element der rund 100 Quadratmeter offenen Fläche. In Verbindung mit der weißen Stuckdecke gibt der schwarze Industrieboden den vielen Winkeln und den Säulen die nötige Klarheit, einem Spiegelschrank in der Ecke verleiht er Eleganz, der modernen Loewe-Anlage auf dem Fußboden den Charakter von Videokunst.

Wer sich also nicht gleich für schwarze Wände entscheiden will, darf getrost einen schwarzen Boden ausprobieren. Hier gibt es traumhafte Möglichkeiten: Schieferplatten oder ein Parkett aus Mooreiche sehen luxuriös aus, ein Sisal oder ein Estrich tun es aber auch. Lackmöbel erhöhen den Glamourfaktor einer Wohnung, Glas gibt der Tafel eine festliche Note und in einer schwarzen Küche (die gibt es sogar von Ikea) lassen Sie sich beim Kochen garantiert zu fantasievollen Kreationen hinreißen. Eine Anregung finden Sie in der Dandyliteratur des 19. Jahrhunderts: Feiern Sie eine schwarze Dinnerparty! Aus diesem Anlass ließ der Graf des Esseintes, der Held aus Karl Huysmans Roman „Gegen den Strich" nur dunkle Speisen auftischen: Kaviar, Oliven, Blutwürste und Schokoladencreme mit Brombeeren.

GRAU

Grau ist langweilig?
Unterschätzen Sie nie die Wirkung dieses träumerischen, cremigen Farbtons. Er steht für elegantes Understatement und ist ein wunderbarer Mittler zwischen Alt und Neu. Auf einer samtgrauen Wand glänzen Fotos und Ölbilder wie kostbare Museumsstücke.
Hellgraue Schlafzimmerwände kombiniert mit viel Weiß und einem Schuss Lavendel lassen den Biedermeierstuhl neben dem Designerbett ganz selbstverständlich wirken.

Siehe Bildbeispiel S. 71

▸ Black Magic: Stellen Sie sich dieses Ambiente einmal ohne die schwarze Wand vor. Na, bitte! Höchste Zeit, dass Sie sich diesen Verwandlungskünstler ins Haus holen.

THE ALOHA SHIRT

◀ Die schwarzen Accessoires geben Ninos Wohnzimmer seine Kontur. Selbst schlichtes Fifties-Mobiliar wird plötzlich elegant.

▶ Lampe oder Objekt? Auf einem schwarz lackierten Boden bekommen Alltagsgegenstände Kunstcharakter.

▶ Schwarz schafft Kontraste. Und ist damit die ideale Basis für vielwinklige Räume, wie diesen Dachboden, der zum Loft ausgebaut wurde.

VOGUE TESSUTI

100 LBS NET WT
ARROW MILLS Inc
HOUSTON, TEXAS
MADE IN U.S.A.

◂ Shaker-Romantik: Holz, Stoffe, sanfte Töne und ein paar wohl dosierte Farbakzente geben diesem Raum Wärme und Geborgenheit.

▸ Die weiß lasierten Paneele lassen die Holzmaserung durchschimmern. Zum Muster der Natur passen Accessoires aus der Natur: zarte Federn.

Die Palette der Natur

Klösterlich streng, so beschreibt Christian Liaigre seinen Stil. Der Franzose gilt als der meistkopierte Interiordesigner unserer Zeit. Vor knapp zehn Jahren brachte er im Hotel Mercer in New York alle Elemente zusammen, die ein flüchtiger Zeitgeist verlangt. Liaigre hatte in dem ehemaligen Backstein-Kontor der Jahrhundertwende auf alle spektakulären Zaubereien verzichtet und mit Edelholz, Stahl und nackten Wänden Räume geschaffen, die durch Klarheit bestechen. Sie als „klösterlich streng" zu bezeichnen, wäre aber weit gefehlt. Ganz im Gegenteil, die Zimmer strahlen Wärme und Geborgenheit aus – ideal für den Gast, der in der Hektik des Big Apple zur Ruhe kommen will. Liaigre kombinierte das dunkle Wengéholz mit Stoffen in Creme und Mauve, sanften Farbtönen, die der sparsamen Möblierung die Strenge nehmen.

Es gibt Farben, die uns erden, die uns zurückführen zu unseren Wurzeln. Es ist die Palette der Natur, die sich von weichem Weiß bis hin zu Bitterschokoladenbraun erstreckt. Wer sich dafür entscheidet, wird in seinem Zuhause viel Ruhe und Entspannung finden. Holz ist für diesen Look genauso unverzichtbar wie strukturierte Stoffe. Dabei lassen sich ganz unterschiedliche Effekte erzielen. Kennzeichen der skandinavischen Moderne sind helle Nuancen: Ein blasser Ahorn kombiniert mit weißen Woll- und Canvasstoffen gibt dem Raum ein Gefühl von Ordnung und Leichtigkeit. Nussbaum passt ideal zu Fifties- und Sixties-Retrostilen, dunkle Edelhölzer holen ein Stück Asien nach Hause. Mixen Sie Möbel und Stoffe mit Materialien aus der Natur, wie Papyrus, Kork, Sisal oder Wolle. Was macht mehr Spaß als die Wohnung mit Souvenirs zu dekorieren, die an eine schöne Zeit erinnern? Es muss nicht gleich ein Hochzeitssitz aus Mali sein, auch (leichter zu transportierende) Accessoires, wie Schalen aus Ton oder gehämmertem Silber lassen die Raumwirkung stimmig werden. Machen Sie es sich noch leichter, blicken Sie direkt vor die Haustür. Geweihe und Kuhfelle sind nicht rustikal, sondern très chic rustique.

Damit der Ethnomix nicht zu sehr im harmonischen Ton in Ton verschwimmt, braucht er Farbakzente. Entscheiden Sie sich beim Lokalkolorit ruhig für eine kräftige Nuance, wie Flaschengrün oder Korallenrot. Oder wagen Sie den Bruch mit einem ganz industriellen Material. Ein Naturprodukt wie Holz lässt sich wunderbar mit kühlem Edelstahl verbinden. Die führenden Hersteller wie Bulthaup oder Boffi haben allesamt Küchen im Programm, die Aluminium oder Stahl mit warmen Holzfronten kombinieren.

▸ Neben dem löchrigen Spitzenvorhang lagert ein Kuhfell auf dem Sessel: Naturtöne lieben das Spiel mit Strukturen und Oberflächen.

▾ Pure White, pure Nature: So präsentiert sich ein Schlafzimmer, das über alle Moden erhaben ist.

Kurze Unterbrechung

Nichts gegen Tiffany-Blau oder Pistazien-Grün, aber ganze Räume gestrichen in diesen Farben – da kriegen Sie vielleicht Probleme mit Ihrem Partner. Gehen Sie subtil an Wandfarben heran. Streichen Sie nur die untere Hälfte und lassen Sie die obere weiß, das bildet gerade bei Pastelltönen einen schönen Kontrast. Oder streichen Sie den oberen Teil im gleichen Ton, aber ein paar Nuancen heller. Die Wand wird lebendig und der ganze Raum mit ihr. Falls das ganze Zimmer eine Farbe vertragen kann, lassen Sie einen kleinen weißen Fries unterhalb der Decke, das ersetzt zwar keinen Stuck, sieht aber smart und sophisticated aus.

Eiscremefarben

Gehören Sie zu den Parisfans, die nie einen Abstecher bei Ladurée verpassen, der traditionellen Confiserie? Und erstehen Sie dort neben himmlisch schmeckenden Macérons auch Ihre Mitbringsel, verpackt in den schönsten Schachteln der Welt? In der Regel behalten wir mindestens eine der zartgrünen Dosen selbst und freuen uns, den Flair der französischen Hauptstadt nach Hause in unsere Küche zu tragen. Wenn dem so ist, dann überlegen Sie, ob nicht Ihr altes Büfett es verdient hat, im gleichen Farbton gestrichen zu werden. Lavendel, Pistazien-Grün, blasses Rosa, zartes Blau – bis vor ein paar Jahren ausschließlich dem Kinderzimmer vorbehalten, sind Pastelltöne jetzt die neuen Stars im Interiorbereich. Und das nicht nur bei Zimmerwänden! Auch Möbeldesigner und Hersteller setzen auf den frischen Akzent der Sorbetfarben und zeigen plötzlich fliederfarbene Ledertischchen oder Drehfauteuils in Apricot. Pastelltöne hellen die Stimmung auf und lassen den Frühling hinein in die Wohnung. Während Omas Rokoko-Stilmöbeln in Kombination mit typischen Damastfarben wie Gold oder Rubinrot etwas Wuchtiges und Verstaubtes anhaftet, werden sie vor einer mintgrünen Wand auf einmal leichtfüßig und kapriziös. Kombinieren Sie Wände in Pastell getrost mit Möbeln in Knallfarben, so erzielen Sie einen jungen, femininen Look.

▲ Rosa, Hellgrün, zartes Gelb: Melitta! Klar kann man in den hübschen Kannen morgens auch Kaffee servieren, aber eigentlich reicht allein ihr Anblick, um uns den Tag zu versüßen.

▶ Julia hat sich von ihrer Melitta-Sammlung zu einer hellgrünen Wandfarbe inspirieren lassen. Und damit zart auch zart bleibt, hat sie nur die Hälfte der Wand in Pastell getaucht.

▲ Wand und Boden in der gleichen Farbe? Für Weiß kein Problem. Wenn die Möblierung so sparsam gesetzt ist wie hier, sollten Sie aber ein wenig Wert auf Ordnung legen!

‣ Therapie für zu Hause: Auf der cremeweißen Marcel-Breuer-Liege lässt sich wunderbar eine Auszeit vom Alltag nehmen.

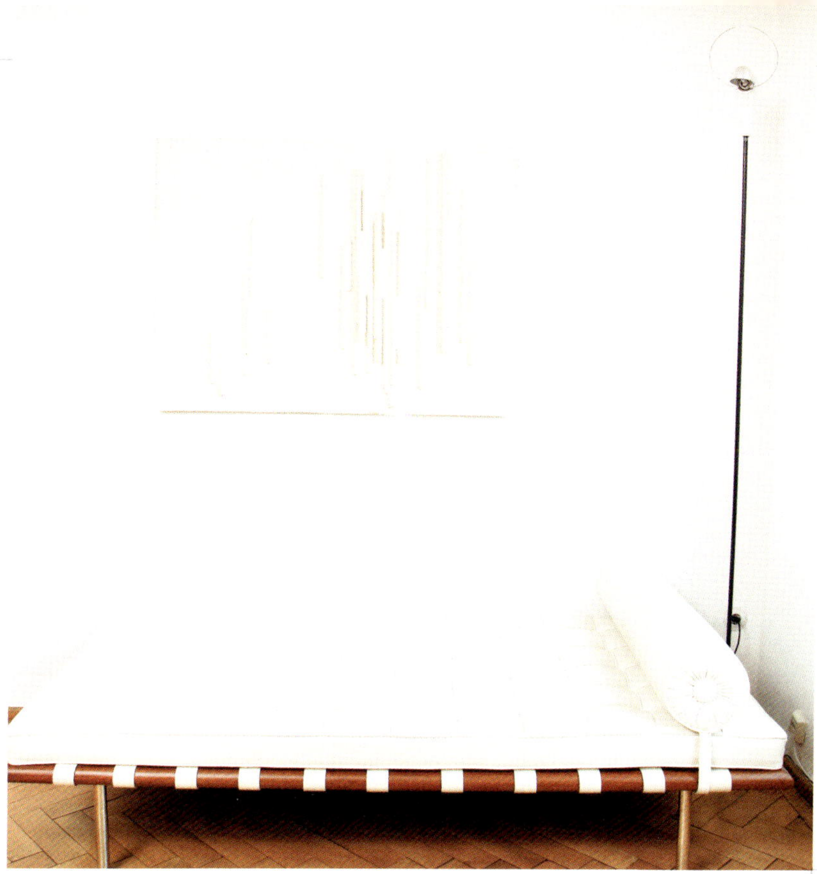

Weiches Weiß

Interieurs in Uni sind fade und irgendwie absurd, Räume ganz in Weiß aber stehen für Entspannung und zurückhaltende Eleganz. Ein idealer Ort für den „Traum in Weiß“ ist das Schlafzimmer. Hier darf es gern „weich“ zugehen, Stoffe und Kissen schaffen Geborgenheit – sind sie weiß, stillen sie unser Bedürfnis nach Sauberkeit und Ordnung. Wir lieben die Frische der gestärkten Laken in einem Hotelbett, laden dazu noch Berge von Kissen ein, wollen wir unseren Urlaubstag erstmal verschlafen. Glatte Baumwolle, ein samtiges Leinen oder ein crispes Waffelpiqué – durch die einheitliche Farbgebung treten die Oberflächenstrukturen besonders deutlich hervor. Das gilt auch für Wand, Möbel und Accessoires. Eine Vasensammlung in Bisquitporzellan sieht alles andere als langweilig aus und lässt nicht Farben und Muster, sondern einmal den Formen den Vortritt. Helle Vorhänge fangen das Sonnenlicht ein. Ein zarter Voile im Schlafzimmer scheint ganz leicht zu wehen, auch ohne Sommerwind.

Deckweiß, Chamois, Opak, Perlmutt – Weiß ist wunderbar wandelbar. Wer das klare Reinweiß als zu kalt empfindet, kann die Farbe leicht abtönen. Durch den Hauch eines anderen Pigments wird der harte Effekt gemildert, der sich zuweilen bei getünchten Wänden ergibt. Der Zusatz von Gelb, Rot oder Braun ergibt einen Cremeton mit warmem Schimmer. Ein Schuss Ocker dazu, und aus Weiß wird Champagner.

◂ Light-Version: In weiß sieht ein Pop-Möbel wie der berühmte Panton-Chair aus den siebziger Jahren noch moderner aus als sonst.

▸ Rauten, Streifen, ein Spinnennetz – diese Sammlung kommt auch ohne farbige Dekore aus. Nicht umsonst bezeichnete man Porzellan im 18. Jahrhundert als das weiße Gold.

Musterschule

Blumen, Streifen, Tupfen – vive la décoration

▸ Art déco meets Fifties. Hier wurde die Wohnungsinhaberin selbst kreativ. In ihrem Flur malte Julia ein dekoratives Muster an die Wand.

TOILE-DE-JOUY

Mitte des 18. Jahrhunderts machte ein Baumwollstoff der Seidenindustrie Konkurrenz. Ein neu entwickeltes Druckverfahren ermöglichte eine präzise Bebilderung von Geweben: Der Toile-de-Jouy, der Stoff aus Jouy (benannt nach dem ursprünglichen Herstellungsort Jouy-en-Josas in Frankreich) wurde weltberühmt. Sein zweifarbiges Dessin erinnert an das Dekor chinesischen Porzellans. Auf weißes Tuch wird entweder rot oder blau gedruckt – allerlei Liebliches und manchmal Frivoles: Liebespärchen, die durch mythologische Landschaften und Ruinen tänzeln. Seit damals ist der Toile-de-Jouy ein immer wiederkehrender Klassiker – heute schneidern Modelabels wie Hermès oder Cacharel Blusen und Kleider aus der romantisierenden Baumwolle.

Siehe auch Seite 50

◂ Alles eine Frage der Kombination: Hier beleben bunte Fifties-Keramiken eine blasse Op-Art-Tapete aus den siebziger Jahren

▸ Welch aufregende Tapete, werden Sie denken. Nur leider glänzen die nicht ganz so schön. Das Muster „Wallpaper grey" des holländischen Designers Marcel Wanders ist ein Wand-Mosaik für Bisazza.

Tapeten & Co.

In den siebziger Jahren waren sie schrill, in den Achtzigern pastellfarben und in den Neunzigern hoffnungslos out. Jetzt feiern Tapeten ihr Comeback und locken mit der ganzen Bandbreite: Zarte Tupfen und klassische Streifen, großzügige Blumen-Dekore und psychedelische Wellenmuster, pittoreske Bordüren oder ein groß gezoomtes Foto geben dem Raum Struktur und ein individuelles Gesicht. Die Dessins begegnen uns heute aber nicht mehr erdrückend flächendeckend wie auf den braunstichigen Fotos unserer Kindertage, sondern ganz gezielt eingesetzt auf einzelnen Wänden und Partien. Marion und Larbi schwören auf die Klarheit ihrer weiß getünchten Altbauwohnung, aber ausgerechnet Marions Arbeitszimmer ziert eine Vintage-Tapete aus den Siebzigern. „Ich brauche kein nüchternes Büro, sondern eine Umgebung, die mich beim Arbeiten inspiriert", sagt die freie Moderedakteurin. Das Rauten-Muster des sandfarbenen Rapports begleitet sie bei der Entwicklung von Ideen für Fotoproduktionen, aber auch bei der Steuererklärung. Unterbrochen wird es immer wieder von Marions Sammelleidenschaft – bunte Fünziger-Jahre-Keramiken, Profilgesichter in Ton, ein kleines Mädchen mit Kopftuch und dicken Punkten darauf, daneben ein alter Medizinschrank vollgestellt mit Vasen, die Marion seit ihrer Kindheit sammelt – manche davon, verrät sie, standen schon im Puppenhaus ihrer Barbies. Mix and match – der gemusterte Hintergrund dient als Bühne für all die Fundstücke und lässt das Sammelsurium frisch und lebendig werden.

TIPP

Kurzweilige Musterung
Sie scheuen sich vor einer komplett gemusterten Wohnung? Das verstehen wir. Oft genügt schon ein tapezierter Flur oder eine einzelne Wand. Oder setzten Sie wie hier Ihr Lieblingsdekor ganz gezielt ein, als dekorativer Ersatz für Kunst. Die Bewohnerin hat wenig riskiert und doch einen spannenden Effekt erzielt.

Vom Rokoko-Dekor bis zur eigenen Hausmarke

Gewagte Muster werten oft kleine, unscheinbare Räume auf – die Diele, einen kurzen Flur, die Toilette. Der italienische Designer und Exzentriker Carlo Mollino ließ in den Sechzigern sein Entrée mit einem überdimensional vergrößerten Kupferstich auskleiden. Die Wirkung war umwerfend monumental und diente als Visitenkarte für die ganze Wohnung. In ein Bilderbuch verwandeln sich die Wände aber auch mit einem Toile-de-Jouy-Motiv. Die monochromistischen Schäferszenen gibt es heute als einfache Papierdrucktapete. So günstig, dass es sich sogar lohnt, den begehbaren Kleiderschrank damit zu tapezieren. Mit einem einfachen Trick holen Sie die Eleganz des Empire in ein Zimmer: Tapezieren Sie nur den unteren Teil der Wände zum Beispiel mit einem klassischen Streifen und schließen Sie das Dekor mit einer Bordüre oder Holzkante ab. Hier darf es ruhig ganz authentisch werden. Viele Tapetenhersteller legen historische Dessins wieder auf. Bei Nina Campbell in London gibt es Dekore mit Vierpässen und Rauten, die im 19. Jahrhundert an den Wänden des House of Parliament prangten. Heute überfrachten diese farbintensiven neogotischen Designs oft einen ganzen Raum. Werden sie jedoch gezielt an eine einzelne Wand platziert, bilden sie einen spannungsvollen Bezugspunkt. Als Blickfang im Zimmer wird die Tapete sogar zum dekorativen Ersatz für Kunst. Von handgedruckt bis handgemalt reicht das Angebot der Hersteller. Der holländische Designer Wouter Dolk bemalt seine Papiertapeten höchstpersönlich, De Gournay in England hat sich auf die Handfertigung von Seidentapeten spezialisiert. Der Verkaufsschlager der Londoner Firma sind trotz stolzer Preise klassische Export-Chinoiserien aus dem 18. Jahrhundert, deren Motive stark vergrößert werden. Kunden sind vorwiegend Interiordesigner, die die Chinoiserien ganz unorthodox zum Einsatz bringen. Gerade in einem modernen Interieur wirken diese groß gezoomten Rokoko-Dekore reizvoller als in einem stilgetreuen.

Wem derartige Luxusvarianten zu kostspielig sind und wer es ganz individuell mag, der kann auch ohne viel Erfahrung seine eigene Tapete kreieren. Die benötigten Stempel und Schablonen lassen sich selbst herstellen oder im Fachhandel kaufen. Firmen wie Plugged in Köln drucken das Dessin mithilfe eines neuen digitalen Verfahrens auf ein 150 Gramm starkes Vlies. Einmal trocken, lässt sich die Vlies-Tapete dann ganz einfach auf die Wand kleben.

▸ Blümchen oder Karos? Passen zusammen. In Julias Flur haben zwei verschieden gemusterte Wände genügend Abstand zueinander – und stehlen sich nicht die Schau.

▲ Grünes Leinen und ein elfenbeinfarbener Damast? Ja! Tiger, die über das Sitzpolster schleichen und weiße Blüten, die den Tisch bedecken? Ja! Wer wagt, gewinnt nun mal.

◂ Sesam öffne dich: Die Wand ist eine mit Stoff bezogene Tür, hinter der sich ein (meist dringend benötigter) Stauraum verbirgt.

Mustergültig

Entscheiden Sie sich für großflächige Muster in der Wohnung, gibt es ein paar Regeln zu beachten:

- Nehmen Sie eine Stoffbahn oder eine Tapetenrolle mit nach Hause und testen Sie die Farbwirkung bei Tageslicht und bei elektrischer Beleuchtung.

- Sie sollten nie die gemusterten Tapeten oder die geblümten Vorhänge zuerst kaufen! Richten Sie als Erstes das Zimmer ein, auch wenn die Möbel zum Streichen oder Tapezieren wieder rausgestellt werden müssen. Komponieren Sie dann den Raum fertig: Suchen Sie die passende Wandfarbe aus und entscheiden Sie sich am Schluss für die exzentrische Tapete oder den raumgreifenden Perserteppich. Das Dekor sollte einen vorherrschenden Farbton im Raum wieder aufnehmen.

- Nicht für jeden Raum sind Tapeten die ideale Lösung: So ist es beispielsweie ein Märchen, dass eine Tapete besonders gut ins Kinderzimmer passt. Farbenfrohe, stark gemusterte Kindertapeten machen den Raum unruhig. Spielsachen heben sich nicht von ihnen ab. Die vielen bunten Dinge, die Ihren Sprössling umgeben, bringen genügend Farbe in sein kleines Reich.

- Auch in einem Interieur können Schönheitsfehler durch die richtige Kleidung kaschiert werden: Senkrechte Muster lassen einen Raum höher erscheinen, waagerechte niedriger. Wenn Sie die Decke einen Ton dunkler als die Wände streichen, wirkt sie tiefer – dadurch werden die ungünstigen Proportionen eines hohen Altbaus korrigiert. Kleine, verspielte Muster können allzu viele Kanten, Ecken und Nischen überspielen und sind damit ideal für Dachnischen und ähnlich vielwinklige Räume.

- Kombinieren Sie großflächige Muster in einheitlichen Farben, dann sind sogar mehr als zwei erlaubt. Ein Schachbrettboden kann problemlos mit Paisleys und Streifen in Schwarz-Weiß-Optik kombiniert werden.

▸ Eine zartgrüne Tischdecke, in der sich weiße Blütenranken verlieren, eine einzelne Tapetenbahn, so wohl dosiert wie in Julias Esszimmer lieben wir das Ornament.

THE REAL AFRICA!
Untamed... Untameable!
ROBERT C. RUARK'S
AFRICA ADVENTURE
PATHECOLOR

Interview mit Julia

Interior-Designerin, www.julies-muenchen.de

In deinem Shop in München hast du liebevolle Wohnaccessoires zusammengetragen. Wo spürst du sie auf?
Auf Messen, die ich gemeinsam mit meiner Partnerin besuche. Wir sind immer auf der Suche nach neuen, unbekannten Firmen. Außerdem blättere ich viele Magazine und mache mir Ausrisse von Farben, Möbeln, Stoffen und Dingen, die mir gefallen. Wenn ein Thema Spaß macht, hält man seine Augen sowieso offen. Die Vorlage für unsere Esszimmer-Wandfarbe war zum Beispiel ein abgebrochenes Stückchen Hofmauer, das ich aus Italien mitgebracht habe.

Alles Ton in Ton oder lieber gewagt gemixt?
Beide Varianten können toll aussehen. Allerdings ist der Gesamteindruck bei Ton in Ton gehaltenen Räumen oft zu glatt, es sieht schnell nach Hotel aus. Ich persönlich mag Blau-und Grüntöne. Die ziehen sich bei uns durch die ganze Wohnung.

Was würdest du jemandem raten, der eine neue Wohnung bezieht und nur ein kleines Budget zur Verfügung hat?
Bloß nicht die komplette Einrichtung an einem Wochenende in einem Laden kaufen. Lieber ein bißchen Geduld aufbringen und das eine oder andere Teil bei Ebay, auf dem Flohmarkt oder sonstwo aufstöbern. So bekommt die Wohnung eine persönliche Note.

Womit fängt man am besten an, wenn man die Wohnung verändern will?
Ich finde es immer hilfreich, einen Raum komplett auszuräumen. Wenn Dinge schon sehr lange auf einem bestimmten Platz stehen, fällt es manchmal schwer, eine neue Sichtweise zu entwickeln. Manchmal reicht es schon, alte Stücke neu zu kombinieren. Und wenn das Zimmer schon einmal leer ist, würde ich es gleich in einer neuen Farbe streichen.

Wie integrieren wir unsere Lieblingsmuster in die Wohnung?
Man kann das Dekor für Lampenschirme, Sitzkissen oder eine Tagesdecke wählen. Mein Sohn hat zum Beispiel ein Rollo aus einem Stoff mit Retro-Cowboymotiv, das dann bei zwei seiner Sofakissen wiederkehrt. Und wer bei einer gemusterten Tapete denkt, das ist definitiv zu viel an der ganzen Wand, kann nur einen einzelnen Streifen tapezieren. Das gibt einen tollen Effekt und ist auch viel günstiger.

Der wichtigste Raum einer Wohnung?
Bei uns zu Hause ist es die Küche. Hier halten wir uns die meiste Zeit auf, auch wenn nicht gekocht wird. Sie ist mit meinem ganzen Nippes vollgestopft. Da gibt es zum Beispiel dieses bizarre Schnaps-Geschirr aus den Fünfzigern ...

Warst du immer so stilsicher?
In den Achtzigern habe ich bunte Lichterketten in Yuccapalmen drapiert – ist das schlimm genug?

▸ Schicke Steinzeit: Mit einem Hahnentrittmuster, hier als Mosaik von Bisazza, wird der Küchenfußboden zum Fashion-Statement.

Bodenschätze

Wer Freude an Mustern hat, darf sich sogar für einen wilden Teppichboden entscheiden. Hier ist jedoch Stilsicherheit gefragt – und der Geldbeutel. Die Alternativen zu den spießigen Kreativdessins, die uns in den Kaufhäusern angeboten werden, sind leider dürftig und nicht ganz billig. Top-Dekorateure schwören auf die Auslegeware von Braquenié. Der französische Hersteller fertigt Böden unter anderem nach historischen Vorlagen, zeigt fantasievolle Korallen- und Blütenmotive und überträgt auch mal das Design einer alten Kassettendecke. Braquenié-Dekore lassen sich auch zu Vorhängen und Bezugsstoffen abstimmen. Gehen Sie bei gemusterten Böden vor wie beim Einsatz von Tapeten: Oft reicht ein (kleiner) Raum mit aufregendem Fußkleid, da darf es dann gern ein wenig luxuriös sein. Legen Sie das Muster Ihrer Wahl in Stein. Der Mosaikhersteller Bisazza scannt Ihr Lieblingsmotiv und rechnet dank modernster Computertechnik die Pixel in farbige Steinchen, in so genannte Smalten um. So können Sie Ihr ganz individuelles Fußbodenmosaik gestalten lassen. Wenn Sie noch Anregungen brauchen, schmökern Sie in dem Katalog der norditalienischen Firma: Bisazza hat eine Vielzahl fantasievoller Dekore im Programm und verfügt über Smalten von irisierenden Perlmutt- bis hin zu glossigen Lippenstift-Tönen.

FENDI

Stoffkunde

Couture für die Wohnung

◂ Good Morning Glamour: So schlafen Diven, Königinnen oder die Münchner Interior-Designerin Birgit.

POSAMENTE

Mit Schmucktextilien bringen Sie buntes Leben an die Fronten von High Tech-Möbeln. Nie war die Auswahl größer. Eine Traditionswerkstatt wie Posamenten-Müller in München fertigt Borten, Fransen, Treppen- und Raffseile nach alten Stilvorlagen, der Luxusversand Artedona führt die opulenten Quasten von Robbie Spina im Programm. Troddeln aus Seide oder Mohair und Pompons mit Glasperlen, Federn oder Pelz lassen auch den einfachen Baumwollvorhang zum schicken Fensterkleid werden.

Siehe Seite 110

Maßgeschneidert

Kleider machen Polstermöbel. Der Ohrensessel ändert seine Ausstrahlung, je nachdem, ob er mit einer gestreiften Seide, einem großblumigen Samt oder karierter Baumwolle bezogen ist. Die sinnliche Qualität der Textilien trägt wesentlich zur Atmosphäre unserer Räume bei. Der Klang eines raschelnden Seidenvorhangs weckt Erwartungen, und über ein samtiges Polster darf – muss – einfach gestreichelt werden. Wie ein Outfit etwas über die Persönlichkeit seines Trägers verrät, sagt der Einsatz von Bezug- und Dekorstoffen etwas über den Wohnungsbesitzer aus. Die Romantikerin wird sich eher für Rüschen und Transparenz in Pastell entscheiden, die Diva mag sich mit Samt und Seide in explosiven Kontrastfarben Drama in ein Zimmer holen. Auch ein maskulines Ambiente braucht heute auf Stoffe nicht mehr zu verzichten. Mit einem Nadelstreifenflanell oder einem cognacfarbenem Cord für Polstermöbel fühlen sich auch moderne Gentlemen zu Hause wohl.

Oft ist uns die Vielzahl der Möglichkeiten gar nicht bewusst. Da hilft der Besuch eines gut sortierten Stoff-Showrooms. Wahre Schätze lassen sich hier finden. Auch wenn Sie nur nach einem groben Wollstoff in Uni suchen, um das Sofa neu zu beziehen, sollten Sie einen Blick auf die Dekorstoffe werfen. Beim Blättern in den Musterbüchern kommen Sie ins Träumen und auf Ideen. Firmen wie Edmond Petit oder Lelièvre fertigen Damaste nach Vorlagen aus dem 18. und 19. Jahrhundert. Hier zeigen sich zarte Blütenranken, die auf Fonds in traumhaften Pastellfarben vor sich hin mäandern. Man verliebt sich schnell. Manche Dessins kosten ein kleines Vermögen, aber Sie müssen ja nicht die ganze Sofalandschaft damit beziehen – oft zaubert schon ein Solitär den Glanz von Sanssouci herbei.

Die hohe Schule des Einrichtens zeichnet sich durch die gekonnte Kombination verschiedener Stoffe aus. Nur ein wirklich guter Dekorateur beherrscht die Zusammenstellung von Bezugsstoffen für Korpus, Sitz- und Rückenkissen in unterschiedlichen Materialien, Farben und Mustern. So verliert der Blümchenstoff seine Verspieltheit, wenn er ein kariertes oder gestreiftes Kissen als Gesellen bekommt. Voraussetzung ist allerdings, dass die Grundfarben harmonieren, und das setzt eine aufeinander abgestimmte Kollektion voraus. Showrooms und gute Einrichtungshäuser arbeiten mit Stofffamilien, das heißt, Sie finden zu Polsterbezügen die passenden Vorhangstoffe und passende Tisch- und Bettwäsche.

◂ Ein Altar braucht Pracht und Glanz: Mit Gold, Seide, luxuriösen Fellen und kostbaren Flakons wird der Schminktisch zum Sanctuary.

Sommer- oder Winterkollektion?

Textilien sind das ideale Mittel, wenn Sie mit verhältnismäßig geringem Aufwand der Wohnung ein helles Sommer- oder ein gemütlich-warmes Wintergesicht geben wollen. Im Frühjahr spendieren wir den Kissen eine neue Hülle in sanften Tönen, bei festgepolsterten Sofas und Sesseln setzt eine helle Decke einen frischen Akzent. Auch Vorhänge lassen sich mit einer Sommer- und einer Winterseite versehen und je nach Jahreszeit umhängen. Gardinen sind mit Abstand das wichtigste Einrichtungselement in den deutschen Wohn- und Esszimmern. Für einen jungen, zeitgenössischen Einrichtungsstil entdecken wir sie erst langsam wieder. In der Regel entscheiden wir uns dann für einen schlichten Voile, der ein weiches Licht macht und den Blick von außen in die eigenen vier Wände versperrt. Am liebsten im Schlafzimmer, wo wir schmeichelndes Licht möchten und ungestörte Privatsphäre suchen. Auch wenn Sie seit Jahren glücklich ohne auskommen, lohnt es sich über Übervorhänge nachzudenken, vor allem wenn Sie über hohe Räume verfügen. Vorhänge tragen entscheidend dazu bei, Zimmer wohnlicher zu gestalten. Die Stoffbahnen geben dem Raum nicht nur optisch Halt, sie dämpfen auch den Lärm von draußen.

◀ Auch wenn es draußen schneit und der Buddha aus Thailand stammt – dieses Wohnzimmer liegt eigentlich in Marrakesch. Weißes Leinen und reich bestickte Kissen holen Berber-Flair ins Haus.

CHINOISERIE

Die „heile Welt" glaubte man im 18. Jahrhundert in Ostasien gefunden zu haben. China wurde Mode: Es war die Lust an der fernen Exotik, aber auch die Vorstellung eines friedlichen Riesenreichs, dessen Bevölkerung bis in die einfachen Schichten hinunter literarisch und philosophisch gebildet war. Die Einfuhr chinesischer Kunstgegenstände regte einen Dekorationsstil an, der als Chinoiserie bekannt wurde. An den europäischen Höfen wurden Gartenpavillions im Pagodenstil gebaut. Typische Motive wie Flüsse, Blätter, Lotosblüten oder fantastische Vögel zierten Porzellan, (Lack-)Möbel, Tapeten und Textilien.

Siehe auch Seite 50

Samt, Seide, Strick oder Stickerei

Auch wenn Sie regelmäßig das Kleid Ihrer Wohnung wechseln und gute Textilien oft teuer sind, empfiehlt sich Qualität. Hier gilt wie beim Kleiderkauf: Man sieht es dem Pulli an, ob er aus Kaschmir oder Acryl gestrickt ist. Manche Stoffe sind kostbar wie gemalte Bilder, ihre Dekore bisweilen so fantasievoll, dass es tatsächlich schade wäre, daraus Zierkissen zu machen. Dann sollten Sie das Prachtstück tatsächlich auf eine Leinwand spannen und den Stoff als Wandschmuck verwenden. Die Vielseitigkeit der Textilien wird auch von Möbel- und Accessoires-Designern neu entdeckt: Kommoden werden mit Leinen oder Seide bezogen; Samt in schimmernden Edelsteinfarben wie Smaragdgrün, Aquamarinblau oder Turmalinrot ist das neue Lieblingskleid für Polstermöbel; Stickereien und Strick halten Einzug in die Home Collections – das Modelabel Missoni hüllt sogar Vasen in Garne. Ein Trend, der kreativ werden lässt. Greifen Sie selbst zu Nadel und Faden! Sie brauchen nicht gleich einen zwei auf drei Meter großen Gobelin zu sticken, aber vielleicht so viel, dass es für einen hübschen Lampenschirm reicht.

▸ Woher kennen wir den Stoff mit den Röschen nochmal? Ach ja, Omas Tischdecke! Die lässt sich auch dekorativ zum Schlafzimmerbild umdrapieren.

→ TIPP

Blumenrausch

Nichts macht eine Frau weiblicher als ein Kleid? Doch, ein Kleid mit Blumen. Eine Weisheit, die auch bei Sesselüberzug, Bettüberwurf und den Vorhängen funktioniert. Florale Dekore machen den Wohnraum feminin. Mille Fiori, zarte Streublümchchen oder ein großzügiges Liliendekor in der Wohnung trösten, wenn der Garten draußen fehlt und der Kavalier mal wieder den Rosenstrauß vergessen hat.

Lichtschule

Lüster, Leuchten, Lampenschirme oder wie man Atmosphäre schafft

▸ Kurz vor dem Aufeinandertreffen der Wände schiebt sich ein Strahl hindurch: Die Ecke wird zur Lichtsäule.

◀ Eine raffinierte Architektur lässt in dieser Wohnung dem Licht den großen Auftritt. Licht- und Schattenspiele werden zum Einrichtungs- und Dekorationselement.

▶ Zur subtilen Führung des Tageslichts und vielen versteckten Lichtquellen gesellt sich ein Lampenklassiker.

Dimmer

Dimmer vervielfachen die Wirkungen einer einzelnen Lampe. Ihre Feineinstellung ermöglicht es, die natürlichen Lichtverhältnisse mit einzubeziehen und Raumstimmungen von gleißend hell bis sanft entspannend zu schaffen. Ein kurzer Handgriff verwandelt den nüchternen Arbeitstisch in eine festliche Tafel.

Helle Momente

Was ist das wichtigste Gestaltungsmittel in Ihrer Wohnung? Wenn Sie jetzt ins Grübeln kommen, dann beantworten wir die Frage ganz einfach für Sie. Es ist das Licht. Ein Wohnzimmersofa sollte bequem sein und dabei gut aussehen. Eine Wohnzimmerleuchte sollte Helligkeit spenden, gut aussehen und Atmosphäre schaffen. Licht fügt der Einrichtung eine neue Dimension hinzu. Sein Einsatz geht weit über das Funktionelle hinaus. Selbst wenn Sie den dekorativen Stilmix in Ihrem Zuhause nur behutsam pflegen, sollten Sie auf den Lampenmix aus Lüster, Spot, Pendel-, Steh- und Tischleuchten nicht verzichten. Mit der entsprechenden Beleuchtung können wir für Stimmungen sorgen, Farben beeinflussen und Texturen klar akzentuieren.

Licht und Schatten sorgen im Wechsel für Effekt und Drama, für Tiefe und Geheimnis. Licht kann auf Details eines Interieurs aufmerksam machen, die sonst im Verborgenen bleiben, es kann überraschend wirken, provozierend und zu denken geben. Höchste Zeit also, sich einmal grundsätzlich ein paar Gedanken über das Thema Licht zu machen.

Das richtige Leuchtmittel

Warmweiß, das gemütlichste Licht, macht noch immer die Glühbirne. Ob matt oder glänzend und welche Wattzahl bleibt jedem selbst überlassen. Jedoch lohnt es, sich einmal darüber Gedanken zu machen. Halogenglühlampen kommen dem natürlichen Tageslicht am nächsten. Sie leuchten heller als normale Glühbirnen und betonen Rot- und Gelbtöne. Wohnliches Licht verbreiten auch wirtschaftliche Energiespar- und Kompaktleuchtstofflampen mit der Lichtfarbe 930. Die meisten Energiesparlampen können aber nicht gedimmt werden.

▸ Heute genauso modern wie vor vierzig Jahren: Verner Pantons „Flowerpot" in glänzendem Edelstahl pendelt hier im Duett über dem Arbeitstisch.

Wie viel Licht braucht ein Raum?

Bevor Sie mit der Lichtplanung beginnen, überlegen Sie genau, wo Sie sich im Raum aufhalten und was Sie dort vorwiegend machen. Wir können noch so viel Geschick und Liebe in unsere Einrichtung stecken: Wenn die Beleuchtung eines Raums nicht stimmt, wird er kalt und ungemütlich bleiben und wir werden uns unwohl fühlen.

Licht moduliert einen Raum, er gibt ihm Charakter und Gesicht. Es gibt kaum etwas Bedrückenderes als ein Zimmer, das lediglich durch eine einzelne Lampe erhellt wird. Oder doch: Wenn die einzige Lichtquelle eine Leuchtstoffröhre ist. Röhren verbreiten Kühlhausflair und machen ein Zimmer völlig unpersönlich. Auch bringt die Allgemeinbeleuchtung über die Decke ein flaches und häufig übermäßiges Licht in den Raum. Atmosphäre entsteht erst, wenn mehrere Leuchten eingeschaltet sind – in kleineren Zimmern mindestens zwei, in großen Wohnräumen entsprechend mehr. In der Regel funktioniert ein einfacher Drei-Stufen-Plan: Beginnen Sie mit einem leichten Flutlicht als Hintergrundbeleuchtung, gehen Sie dann über zu einem stärkeren Arbeitslicht, wo es gebraucht wird, und schaffen Sie ganz am Schluss mit Spotlights ein wenig Drama. Indirektes Licht, das – an Wände und Decke gelenkt – von dort in den Raum zurückstrahlt, wird von vielen als angenehm empfunden. Doch Vorsicht: Zu viel oder ausschließlich indirektes Licht nimmt Gegenständen ihre Plastizität und lässt das Zimmer leicht monoton wirken. Akzentbeleuchtung ist lebhafter, da sie die Aufgabe hat, Architektur und Oberflächen zu betonen, zu konturieren, zu kaschieren oder zu dämpfen. Doch auch Spots verfehlen ihren Zweck, wenn sie zu grell sind. Eine knallige statt subtile Detailbeleuchtung kann einen ganzen Raum aus dem Gleichgewicht bringen und seine Atmosphäre zerstören.

Wo passt welches Licht?

Wohnzimmer

Hier sind verschiedene Lichtquellen ein Muss. Lüster, Kerzen, Steh- und Tischleuchten, Appliken, Spots – ziehen Sie ruhig das ganze Register. Im Wohnzimmer gilt es die Randzonen zu beleuchten und je nach Tageszeit und Anlass verschiedene Stimmungen zu schaffen. Ein nach oben gerichtetes Licht und eine rundum offene Tischlampe sorgen beim Musikhören oder Fernsehen für eine wohlige Hintergrundbeleuchtung. Spotlights machen auf Kunstgegenstände oder eine gute Büchermischung im Regal aufmerksam. Und für angenehme Lesestunden an langen Winterabenden ist eine Stehleuchte neben dem Sofa ein zuverlässiger Begleiter.

Schlafzimmer

Sinnlich und gemütlich mögen wir es hier. Mit subtilen Lichtquellen schaffen Sie eine Atmosphäre der Ruhe. Eine kleine Leuchte, versteckt hinter dem Vorhang, wirkt wie ein Weichzeichner für den Raum. Papyruslampen verbreiten ein wundervoll warmes Licht, ebenso sanft strahlen nach oben gerichtete, in die Wand integrierte Aufputzleuchten. Eine klassische Schirmlampe auf dem Nachttisch sieht hübsch aus, ist aber als Leseleuchte, wenn Sie zu zweit schlafen, ungeeignet. Sie gibt zu viel Licht in den Raum ab und stört den Schönheitsschlaf des anderen. Schenken Sie Ihrem Partner (und sich) eine Lampe mit schwenkbarem Arm, die nach unten abstrahlt.

Bad

Auch wenn es (spätestens) am Morgen nach der durchtanzten Nacht wirklich schmerzt, verzichten Sie über dem Waschtisch auf ein Licht, das dem Teint schmeichelt. Damit die Morgentoilette gelingt, ist eine gleichmäßige Beleuchtung von allen Seiten nötig. Das optimale Licht kommt von einer Röhre und strahlt nicht angenehm Warmweiß, sondern Neutralweiß. Das entspricht der Realität und das Make-up kann dem Tageslicht angepasst werden. Beim Baden darf wieder aufgeatmet werden. Hier macht ein sinnliches Licht (gern Kerzen) den Entspannungswert erst perfekt.

Esszimmer

Die Betonung des Zentrums, des Tisches, steht im Essbereich im Mittelpunkt. Es empfiehlt sich eine tief herabhängende Lampe, die den Tisch direkt beleuchtet, bei einer langen Tafel sind es entsprechend mehr. Damit Dinnereinladungen auch für Gastgeber und Gäste ein Vergnügen bleiben, darf hier das Licht Augen und Teint schmeicheln. Brillant gelingt das mit einem Lüster: Funkelnde Kristalltropfen aus klarem oder farbigem Glas brechen das Licht und verbreiten Kaskaden von glitzernden Farbreflexen. Manche Leuchter kombinieren moderne Leuchtmittel mit Kerzen und verbinden so Funktionalität mit echter Poesie.

◂ In dieser Küche wird eine nackte Glühbirne als Pendelleuchte vor einem Wandmosaik inszeniert.

▲ Eine Tütenlampe aus den Fifties (linkes Bild) bewacht die Flügeltür, ein modernes Lichtobjekt (oben) den Eingang zum Wohnzimmer. In Julias Wohnung begegnen sich Leuchten aus drei Jahrzehnten.

◀ Fünf Plastikschalen formen den raffinierten Licht-Ball (linke Seite).

Lichtkörper

Erlaubt ist was gefällt. Gerade bei Lampen darf der Stilmix gewagt sein. Die nackte Glühbirne zum Tisch mit romantischen Medaillon-Stühlen? Ist das Kabel der Leuchte mit einer schmucken Schleife umwickelt, so zeigt uns der Essbereich von Ivonne, bringt der Bruch Dynamik ins Zimmer. Lampen verbinden aufs Wunderbarste Dekoration mit Funktion. Die Tütenleuchte im Fünfziger-Jahre-Stil macht neben dem Sofa eine gute Figur, kann aber auch bei Bedarf an den Schreibtisch gerückt werden. Ein feinädriges leuchtendes Gebilde im Mobile-Stil à la Miro oder Calder spendet ein lebendiges Deckenlicht und lässt elegant die Grenze zur Kunst verwischen. Ein Schirm aus Papyrus(die Spannweite reicht vom drei-Euro-Modell von Ikea bis zur Luxusvariante aus handgeschöpftem Aquarellpapier) wirkt leicht und träumerisch und fügt sich auch in ein ganz maskulines Ambiente. Weißes Opalglas schmiegt sich wundervoll in ein Zimmer ganz in Weiß. Manche Leuchten sind so dezent, dass sie erst angeschaltet entdeckt werden. Und manche Lampen sind so dekorativ, dass sie auch ohne Funktion ihren festen Platz in unserer Wohnung finden. Ein Lüster passt vielleicht nicht in jedes Zimmer, aber zu allen Stilen und fordert uns geradezu heraus, den Stilbruch mit dem Mobiliar zu inszenieren. Dank seiner Eleganz wird selbst die nüchterne Junggesellenwohnung auf einmal feierlich. Bei keinem anderen Objekt leben die Lampen-Designer ihre Fantasie stärker aus – er ist das bombastische Brautkleid am Ende der Couture-Show. Die Möglichkeiten sind in der Tat glänzend: Es gibt Lüster aus glitzerndem Kristall oder buntem Murano-Glas, es gibt sie aus Messing, Acryl oder Porzellan. Es gibt moderne Metall-Varianten, Grenzgänger zwischen Lüster und Leuchte, es gibt vielarmige, die wie ein Octopus die Arme an der Decke ausstrecken oder kugelrunde, die wie Planeten herabschweben und im Inneren des Lichtballs bisweilen 25 Birnen verstecken.

◂ Lampenschirme sind Couture-Kleider für Leuchten. Hier glitzert eine Abendrobe, gewebt aus Spiegelplättchen.

▸ Black Beauty: Ein moderner Klassiker wie die schwarze Stehlampe von Santa Cole bringt Eleganz ins Zimmer.

Schirmherrschaft

Wenn Sie beim nächsten Besuch im Lampengeschäft ein wenig überfordert sind, weil Ihnen die Abteilung modernes Licht zu kühl erscheint und die Abteilung Nostalgie mit ihrem blitzenden Messing zu neureich, dann möbeln Sie Ihre Wohnung mit neuen Lampenschirmen auf. Bedruckt, mit Zierleisten oder mit Paspeln – die Auswahl war nie vielseitiger als heute. Ein plissierter Seidenschirm verbreitet Bibliotheksstimmung, ein glänzender Lackkarton Glamour. Lassen Sie sich beraten: Ein klassischer „Empire-Schirm", der sich konisch nach oben verjüngt, passt zu allen Stilen. Mutige werden sich vielleicht lieber für den pagodenförmigen „Round-Bell" entscheiden, der besonders gut in ein feminin verspieltes Ambiente passt. Innen goldkaschiert sind die handgefertigten und bemalten Schirme von Klieeisen & Savelsberg in München. Sie werden auf zum Teil völlig exzentrische Füße abgestimmt. Eine alte Bronze aus Burma, oder ein verzweigtes Ästchen, an dem eine Hummelsheimer Porzellanfigur empor klettert – mit einem fantasievollen Sockel wird die Tischlampe zum Objekt. Kreieren Sie ruhig Ihren eigenen Jeff Koons fürs Wohnzimmer. Nichts ist für die Ewigkeit und ein wenig wohl temperierter Kitsch belebt ein modernes Ambiente. In der Lampenabteilung freuen wir uns im Einerlei der Hightech-Leuchten doch auch immer wieder über die frischen Akzente der Philippe-Starck-Modelle. Seine Plastik-Ladys Miss Sissy (in Lila!) und Miss K (in Apfelgrün!) sind längst Klassiker und seine Lichtskulpturen aus dem Jahr 2005 – mit Sockeln in Form von Pistolen und Maschinengewehren – provozieren uns heute.

Lichterkette

Ach ja, der Minimalismus. Leer waren die Räume der hippen Hotels und Boutiquen der neunziger Jahre und licht-weiße Wände trafen auf helles Holz. Und über einem schmucklosen Betontisch pendelten drei schlichte Leuchten, akkurat aufgezurrt in Reih und Glied. Heute herrscht in unseren Räumen bisweilen wieder ein charmantes Chaos, die sinnvolle Beleuchtung ist aber geblieben. Zwei, drei oder gar vier Pendelleuchten über langen Ess- und Arbeitstischen demokratisieren die Tafel und spenden ein gleichmäßiges Licht.

▸ Lampenparade von Philippe Starck: Mit seiner „Romeo" für Flos hat er den plissierten Lampenschirm neu belebt.

▾ Kaufhaus-Klassiker: Das schlichte Design von „Foto" macht die Pendelleuchte unschlagbar zeitlos. Ikea führt sie bereits seit über 15 Jahren im Programm.

KNAURS
Die Münchner

◂ Sixties-Kurve: Raumgreifende Stehleuchten im Stil von Achille Castigliones legendärer Arco bringen eleganten Schwung ins Zimmer.

▸ Punkt, Punkt, Komma Strich, fertig ist das Mondgesicht. Ein idealer Begleiter für den Nachttisch ist die kleine Leuchte „Drop" von Büro für Form.

Möbelkunde

Hauptdarsteller und Statisten oder wie ein Ensemble zum Konzert wird

◂ Ralf und Elinor wohnen mit Klassikern der Möbel-Moderne. Die Sitzskulptur „La Chaise" von Charles und Ray Eames schwebt unter einem Regal von Charlotte Perriand aus den dreißiger Jahren, der kleine Lederstier ist von Abercrombie & Fitch.

Something new

Wir wollen ein paar neue Möbel kaufen. Wir streifen durch Einrichtungshäuser und blättern in Wohnzeitschriften – und finden: die neue Klassik, die neue Bürgerlichkeit, die neue Archaik. Und dann wieder: Acrylmöbel in schrillen Neonfarben und Ornamente, die über Polster und Plastik kriechen. Sich bei Möbeln für einen Look zu entscheiden, scheint nicht nur langweilig und unmodern, es ist auch praktisch gar nicht möglich. Früher schnitzten Möbelhersteller ganze Zimmereinrichtungen aus einem Holz. In den Schlafzimmern der Wirtschaftswunderzeit dämmerten Bett, Nachtkästchen, Schrankwand und Toilettentisch in Kirsche oder Eiche vor sich hin. Heute überlegen wir, ob wir neben das massive Holzbett einen Betonwürfel platzieren, oder doch lieber ein mit Rochenhaut bezogenes Beistelltischchen. Beim Möbelkauf konzentrieren wir uns auf Solitäre. Gruppen und Familien empfinden wir als monoton, für üppige Sofa-Landschaften fehlt meist der Platz. Im Dickicht der Stile sein Lieblingsstück ausfindig zu machen erfordert viel Zeit. Denn auch von einem Möbel verlangen wir so einiges: Gut aussehen soll es, solide verarbeitet sein und einen vernünftigen Preis haben. Aber damit nicht genug: Es soll zu uns passen und zugleich Optionen zur Ergänzung und Anregung offen lassen. Sich auf modische Tendenzen zu verlassen, endet häufig in einer Sackgasse. Irgendwann stellen wir fest, dass wir unser Lieblingsmöbel in keinem der angesagten Möbeltrends wiederfinden, dafür entdecken wir es vielleicht am Abend in einem alten Hollywood-Film oder beim nächsten Museumsbesuch in einem Gemälde von Carl Spitzweg.

◀ Neu oder alt? Das Sideboard im Retro-Stil stammt aus dem Einrichtungshaus, das Sixties-Sofa daneben hat Marion aus einem Charity-Shop.

Something old

Vielleicht haben Sie den verspiegelten Schminktisch bereits auf dem Antikmarkt gefunden und den Biedermeierschrank längst von den Großeltern geerbt und suchen jetzt ein paar Basics, die den ruhenden Pol in der Wohnung bilden. Wohl wissend, dass besondere Einzelstücke nur dann zur Geltung kommen, wenn ihm andere Möbel nicht die Schau stehlen. Die Anforderungen bleiben die gleichen, auch das schlichte Sofa muss unsere kritische Bestandsaufnahme bestehen – Stoff, Form und Füße (!) sollten uns wirklich zusagen, schließlich verbringen wir so manchen Abend mit ihm. Das wäre natürlich der Idealfall: wir inszenieren unsere extravaganten Lieblingsstücke mit neu gekauften Basics. Doch die Praxis sieht meist anders aus. Wir alle schleppen ein Möbelpaket mit uns herum. Auch beim nächsten Umzug ist es wieder mit dabei. Und in der Regel sind nicht nur Antiquitäten und Designklassiker darunter, sondern auch Relikte aus einer Zeit, in der wir noch nicht ganz so stilsicher waren und modische Entgleisungen durchaus mal mitgemacht haben. Da kann der mutige Mix noch so gewagt sein, doch die auberginefarbene Ledercouch auf schwarzen Metallfüßen, die wir uns vor 15 Jahren für die erste eigene Wohnung gegönnt haben, lässt sich partout nicht mehr in unsere zeitgenössische Altbauwohnung mit Bohemien-Flair integrieren. Sie können das teure Stück jetzt unter einer Patchworkdecke begraben – oder sich ganz einfach davon trennen (Sie werden verblüfft sein, wie gut es sich mit diesem Entschluss leben lässt!). Manche dieser Relikte machen unser Interieur aber gerade persönlich und sehen auch heute noch schmuck in der Wohnung aus. Oder können mit einfachen Tricks ins 21. Jahrhundert geholt werden. Ein Chromregal aus den Achtzigern erfüllt noch immer seine dankbaren Dienste, ganz gleich, ob wir es im Wohnzimmer lassen und mit Lederaccessoires und afrikanischen Masken dekorieren oder die Küche damit aufmöbeln. Ziehen Sie zusammen und wird das Mobiliar zweier Single-Wohnungen zusammengelegt, ist die Herausforderung perfekt. Sie müssen seine CD-Regal-Türme aus Aluminium ertragen, er Ihren zickigen Hocker mit pinkfarbenem Puschel. Das kann gutgehen, es kann aber auch zu ernsthaften Beziehungskrisen führen. Manchmal hilft es, Möbeln den gleichen Anstrich zu geben. Lackieren Sie seine alte Truhe und Ihre Kommode in einem glänzenden Caramelbraun, schaffen Sie ein verbindendes Element. Und manchmal müssen Möbel einfach auf den Sperrmüll. Ein Paar in unserem Buch hat diese Probleme mit „Schiffe versenken" gelöst. Julia war früher Redakteurin und führt jetzt ein Geschäft für Wohnaccessoires. Beim Einzug in die gemeinsame Wohnung durfte sie immer wieder ein Möbel von Frank aussortieren, im Gegenzug wanderte eines von ihr auf den Speicher. Ausgenommen die Lieblingsstücke der beiden.

Interview mit Benjamin hopf & wortmann, büro für form

Was ist ein Interieur?
Interieur ist der Begriff für die Ausstattung eines Raums und damit ein sehr großer und wichtiger Teil unseres alltäglichen Lebens. Man ist ja leider ständig in irgendwelchen Räumen – ob zu Hause, im Büro, beim Einkaufen, in Cafés oder in Restaurants. Je nach Bedürfnis gibt es unendlich viele Gestaltungsmöglichkeiten. Jenseits des rein physiologischen Nutzens kann ein Raum auch psychologische Ziele verfolgen. Wie soll die Umgebung auf den Besucher wirken? Für mich ist ein Interieur damit mehr als ein Raum, es ist ein Medium.

Hat sich dein Geschmack in den letzten Jahren verändert?
Grundsätzlich. Natürlich gibt es Dinge, die zeitlos sind und die mir immer gefallen werden. Aber dem Drang, gestalterisch etwas Neues auszuprobieren, liegt ein sich ständig verändernder Geschmack zugrunde.

Aus welchem Land kommen die innovativsten Designideen?
Man kann nicht mehr von völlig verschiedenen Designansätzen sprechen. Es gibt zwar noch Begriffe wie „typisch skandinavisch" oder „italienisch", doch eigentlich ist Design nicht mehr ortsgebunden.

Welcher Designer hat dich in der letzten Zeit besonders beeindruckt?
Für mich ist der Entwurf wichtiger als die Person, die dahintersteckt. Der letzte Entwurf, der mich wirklich beeindruckt hat, ist der „Chair One" von Konstantin Grcic für Magis. Hier wurde eine völlig neue Formensprache gefunden, die dann tatsächlich auch sofort einen Trend nach sich zog: Facetten.

Ist deine Wohnung aufgeräumt oder gibst du dem Chaos eine Chance?
Eher aufgeräumt. Vor allem brauche ich die Möglichkeit, Flächen leerräumen und alles verstauen zu können.

▸ Nichts gegen die gute alte Kommode, in puncto lässiger Eleganz übertrumpft aber das Sideboard. Dieses hier ist aus den Deutschen Werkstätten und kommt aus den dreißiger Jahren.

▲ Nestschutz: Ideal wenn sich für das Bett eine Nische in der Wohnung finden lässt. Den Bettrücken hat Julia selbst gebaut, die Beistelltische daneben sind Designerstücke.

▲ Es gibt Sofas, die passen zu jedem Stil. Das Modell „Norway Says“ zum Beispiel mit grauem Wollbezug, von Classicon.

Basics

Wir wollen ein paar neue Möbel für die Wohnung. Das Wort „kaufen“, haben wir jetzt bewusst weggelassen, denn wo wir den Tisch oder Schrank finden, ist unerheblich. Das kann im Möbelgeschäft, auf dem Antikmarkt oder über Ebay sein. Manchmal erben wir sie, manchmal besitzen wir sie längst und haben sie nur vergessen, wir bekommen sie geschenkt oder wir bauen selbst. Entscheidend ist, wie wir unsere Möbel präsentieren und wie sie sich in unsere Wohnungen integrieren lassen. Daneben sind noch ein paar andere Dinge wichtig, über die Sie auf den nächsten Seiten viel lesen werden. Wir haben das Kapitel in Haupt- und Nebendarsteller getrennt. Es sind Möbel dabei, die in jedes Zuhause gehören, aber auch eine Auswahl an Stücken, die schönes und nützliches Beiwerk sind, ähnlich wie im Kleiderschrank, wo wir den schlichten Kaschmirmantel neben den fancy Ponscho hängen. Gut sortierte Basics zeichnen sich in der Mode durch Qualität und Zeitlosigkeit aus.
Die Accessoires dagegen dürfen gern einmal schrill, laut und bunt sein. Bei unserer Einrichtung ist das nicht anders. Manche Stücke sind wahre Kombinationswunder. Ein schlichtes Sofa zum Beispiel verträgt sich mit fast allen anderen Möbeln.

CHESTERFIELD-SOFA

Das legendäre Komfortmöbel wurde vermutlich zu Ehren von Philip Stanhope, dem vierten Earl of Chesterfield in der zweiten Hälfte des 18. Jahrhunderts entworfen. Es ist robust, es ist aus Leder, Arm und Rückenlehne liegen auf einer Höhe und gehen ineinander über und es hat ein unverwechselbares Deko-Element: tiefliegende Zierknöpfe. Die wurden im Lauf der Jahre immer wieder kopiert. Wir sind der Meinung, dass das Knöpfchenleder diesem Klassiker noch immer am besten steht. Ob glänzend in Racing Green oder abgewetzt in Antikbraun: Reinsetzen, Zeitung lesen und ein Glas Whisky trinken – so genießt man Good Old England von seiner besten Seite.

Siehe auch Seite 90

Hauptdarsteller

Das Sofa

Wenn es an den Kauf geht, werden selbst routinierte Shopping-Profis blass. Die Auswahl ist groß, aber wie vermeidet man teure Fehlkäufe? Ein Sofa sollte, wie ein Bett, in erster Linie bequem sein. Auch wenn das flache Lounge-Modell noch so cool und modern aussehen mag, Ihr Rücken wird ein klassisches Sofa mit hoher Lehne vorziehen. Andererseits sind wir kein Freund von allzu praktischen Lösungen. In der Regel gibt es immer ein Möbel, das perfekt seine Funktion erfüllt und dabei gut aussieht. Sie brauchen sich also nicht für ein kaltes, schwarzes Ledersofa zu entscheiden, das den Raum erschlägt, nur weil es so wunderbar robust ist. Das graue Wollsofa hat diesen Achtziger-Jahre-Klassiker längst abgelöst. Wenn der Bezug abnehmbar ist, lässt sich sogar der Traum in Weiß erfüllen. Platzieren Sie Ihr Sofa getrost einmal unkonventionell. Es muss nicht an der Wand gegenüber dem Fernseher kleben. Haben Sie den Platz, lassen Sie das Herzstück Ihres Wohnzimmers frei im Raum stehen. Das wirkt unglaublich großzügig und luxuriös. Wenn Sie gar zwei unterbringen, entscheiden Sie sich ruhig für ein ungleiches Pärchen. Ein dezentes Möbel braucht manchmal einen verrückten Gegenspieler – ein weißes Leinensofa passt wunderbar zum klassischen Chesterfield mit Knöpfchenleder in Antikbraun oder zur eleganten mit altrosa Seide bezogenen Recamière.

Das Bett

Es bildet die Mitte in unserem Schlafzimmer, es ist die Insel, zu der wir allabendlich zurückkehren. Der Kauf eines Betts ist ein emotionaler Akt, über den man sich nicht genug Gedanken machen kann. En Detail. Was wollen wir, was passt zu uns? Mit oder ohne Rücken, harte oder weiche Matratze, Federkern oder Schaumstoff? Das Schnäppchen im Möbelgeschäft lassen wir ungerührt links liegen, weil wir beim Bettenkauf rein gar nichts dem Zufall überlassen dürfen. Ein Fehlkauf hat hier noch fatalere Folgen als beim Sofa, es kann uns den Schlaf kosten. Hersteller zeigen heute mit Vorliebe das „Wohnbett“, ein ausgeklügeltes Multifunktionsmöbel mit verstellbaren Kopfteilen und integrierten Tischchen, Tabletts, Lampen und CD-Playern. Das Bett als Spielwiese, als Ort in der Wohnung, an dem wir lesen, fernsehen oder mit den Kindern spielen. Für manche genau das Richtige, andere bevorzugen das Gegenteil und mögen es beim Schlafen lieber schlicht und streng. Ein einfaches, weiß bezogenes Bett kann zum idealen Begleiter in der Nacht werden – wenn die Auflage stimmt. Eine gute Matratze ist wichtiger als ein aufwändiges Gestell. Das 3.000-Euro-Modell darf auch auf Holzpaletten gelegt werden. Wenn sich Ihr Bett seit vielen Jahren bewährt hat und nur – wie leider allzu oft – auf den falschen Füßen steht, kann eine Tagesdecke das ganz leicht kaschieren.

Der Tisch

Wichtige Business-Entscheidungen treffen Italiener mit Vorliebe am Esstisch. Man sitzt entspannt bei einem Teller Pasta, begegnet sich auf Augenhöhe und hat Distanz zu seinem Gegenüber. Ein guter Tisch sollte solide sein, Fragilität ist hier fehl am Platz. Ob als hochglänzendes Furnier oder matt geölt und massiv, das zuverlässigste Material ist noch immer Holz. Auch wenn Sie nur das Takeaway vom Thailänder um die Ecke servieren, zu einer Dinnereinladung gehört ein wenig Glamour. Schön, wenn Sie dann den Platz für eine festlich gedeckte Tafel haben. Was den Nobelrestaurants als Basis für ein gutes Essen dient, darf auch zu Hause zum Einsatz kommen: Nichts kleidet den Esstisch eindrucksvoller als das gestärkte weiße Tuch. Wir lieben die Improvisation, aber Tisch und Stühle sollten in der Höhe zueinander passen. Eine ovale Tafel bringt Eleganz in ein Zimmer, und wenn nur eine Ecke im Raum zur Verfügung steht, spart ein runder Tisch Platz.

Der Stuhl

Er ist das erklärte Lieblingsobjekt der Designer. Hier gibt es eine Formenvielfalt, die ihresgleichen sucht. Stühle sind nicht breit und ausladend wie Sofas oder Sessel, sie passen in jeden Raum. Bequem heißt die Devise bei Esszimmer- und Küchenstuhl, dekorativ darf der „stumme Diener" in Schlafgemach, Diele oder im Bad sein. Es gibt exzentrische, elegante, rustikale, gepolsterte, ein- oder mehrbeinige, mit oder ohne Armlehne, mit Plastik-, Holz- oder Gitterschale. Zu viele, um sich nur für ein Modell zu entscheiden. Das brauchen Sie auch nicht. Selbst an der Tafel dürfen Stühle hemmungslos miteinander kombiniert werden. Ivonne rückt Freischwinger und Medaillon-Stühle an den Tulpentisch, Sandra mixt in ihrer Essecke einen Bistrostuhl mit Biedermeier und skandinavischen fünfziger Jahren und stellt noch ein konstruktivistisches Meisterwerk von heute aus verzinktem Stahl dazu.

Der Sessel

Es gibt kaum ein persönlicheres Möbelstück, ein guter Sessel ermöglicht Haltung und Entspannung zugleich. Sofa und Bett teilen wir in der Regel, der Sessel hingegen ist ein Platz für das Ich. Hier machen wir eine kurze Auszeit vom Alltag, kuscheln uns hinein, suchen Schutz und Geborgenheit. Männer wollen in ihrem Sessel gern einfach in Ruhe gelassen werden. Wenn Sie gemeinsam in eine neue Wohnung ziehen, bringt Mann gern sein Lieblingsmodell mit. Das kann im günstigen Fall ein abgewetzter Clubsessel aus braunem Leder sein, in dem er gern Whisky trinkt und seine Cohibas raucht, oft aber auch ein wahres Ungetüm, ein praktischer Multifunktionssessel mit tausendfachen Klappfunktionen und Fußhocker zum Fernsehen oder Musikhören. Vergessen Sie's, den werden Sie ihm nicht ausreden. Wenn es keine Ecke in der Wohnung gibt, in der er sich unauffällig platzieren lässt, stellen Sie Ihr Konkurrenzmodell dazu, Omas Ohrensessel zum Beispiel, und beziehen Sie beide in einer Trendfarbe wie Smaragdgrün.

◀ Bei Stuhlentwürfen werden Designer zu Künstlern. Eine Legende unter den Sitzskulpturen ist der Panton-Chair, hier leuchtet er in frischem Lila neben dem Sechziger-Jahre-Sideboard.

▶ Wer sagt, dass ein Stuhl drei oder vier Beine braucht? Manchmal reicht eins. Tisch und Stühle zitieren die berühmten Tulip-Möbel von Ero Saarinen.

NINE WEST
NINE WEST
NINE WEST
NINE WEST
miu miu
miu miu
claude montana pour stephane kélian
stephane kélian
Michel Perry
Michel Perry
Michel Perry
GRAFFITI
free*lance
32113-111-39
8980
BLEU

Verpackungskünstler

Ordnung kann so viel Spaß machen, vor allem wenn es an den Kauf von hübschen Schachteln und Dosen für Liebesbriefe und Seidenwäsche geht. Rund, oval oder eckig, beklebt, bemalt oder bezogen, mit Leinen, Leder oder Samt – Boxen & Co. setzen einen bunten Farbakzent im Kleiderschrank oder auf dem Regal. Frauen lieben Schachteln, vielleicht weil sich so oft neue Schuhe darin befinden. Auch von Schuhkartons trennen wir uns in der Regel erst nach einer Weile, oder gar nicht. Ein alter Trick von Fashion-Victims: Ein Polaroid der Trophäen vorne auf den Karton kleben und die Schachteln schön stapeln.

Stauraum

Überzeugte Modernisten leben heute ganz ohne Schrank. Ob sie gut damit leben, ist fraglich. Irgendwann nervt es, dass die Handtaschen im Regal verstauben, die Socken sich grundsätzlich in der untersten Schachtel befinden und die Blazer ihre Farbe verlieren, weil sie zu viel Licht auf dem Kleiderständer abbekommen. Keine Anschaffung wird Ihren Alltag leichter machen als der Einbau eines guten Kleiderschranks. Schranksysteme mit aufregendem Innenleben haben fast alle Möbelhersteller im Programm. Die Luxusvarianten kommen von Interlübke oder Poliform, aber auch „Pax" von Ikea verfügt inzwischen über ausziehbare Einlegeböden, klappbare Kleiderstangen, Hosenaufhängungen und installierbare Wäschebeutel, die unser Leben einfacher machen. Träumen wir nicht alle von einer eigenen Schublade für Socken, Strümpfe und Strumpfhosen? Wer weiß schon immer genau was er anziehen will? Von einem gut sortierten Kleiderschrank mit den Basics in Augenhöhe lässt man sich gern inspirieren. Während die offenen Systeme meist überzeugen und sich oft wie die Auslage eines fantasievollen Warensortiments präsentieren, verwandelt sich das Lieblingsmöbel im geschlossenen Zustand häufig in einen Kasten ohne Charme. Egal ob mit schmalen Paneelen oder breiten Schiebetüren, ob mit Glasfronten satiniert oder durchsichtig, auf einmal sind wir nicht mehr weit entfernt von den monströsen Kleiderschrankwänden der elterlichen Schlafzimmer.

Eine Alternative sind textile Bespannungen oder Spiegeltüren, die den Raum größer machen. Ideal, wenn Sie über eine Abstellkammer verfügen, die sich zum begehbaren Kleiderschrank umfunktionieren lässt. Gerade wenn wenig Platz zur Verfügung steht, ist die Innenarchitektur besonders wichtig, schließlich soll der knapp bemessene Raum möglichst sinnvoll genutzt werden. Wenn sich in der Wohnung partout kein Winkel finden lässt, sind zwei alte Holzschränke, selbst wenn sie stilistisch und in der Größe nicht zusammenpassen, oft schöner als zwei moderne Varianten. Lackieren Sie die beiden elfenbeinfarben und schon schaffen Sie ein verbindendes Element.

▲ Capri oder Vallauris? Was sich präsentiert wie die Auslage eines Souvenir-Shops, ist der Schatz einer Keramik-Liebhaberin, die seit der Kindheit sammelt.

◀ Mit diesem Schuhregal wohnt, na wer wohl? Eine Moderedakteurin! Es könnte aber auch Carrie Bradshaw aus „Sex and the City" sein.

▸ Ordnung ist das halbe Leben. So weise spricht die Oma. Hier wäre eine stolz auf ihre Enkelin!

Zu den Luxusartikeln unter den Nebendarstellern gehört die Liege. Das wusste schon Madame Recamier, die im 18. Jahrhundert einen legendären literarischen Pariser Salon führte. Der neoklassizistische Maler Jacques Louis David porträtierte die Lady elitär, liegend, auf dem nach ihr benannten Tagesbett, der Recamière. Seit der Antike haftet diesem Möbel ein Hauch von Noblesse und Privilegiertheit an: Füße hochlegen, einen Kurzurlaub vom Alltag nehmen. Wenn Sie den Platz haben, gönnen Sie sich diesen Luxus. Lassen Sie die Chaise Longue vom Flohmarkt neu polstern und mit einer prickelnden Seide beziehen, schon bekommt Ihr Wohnzimmer die Eleganz eines zeitlosen Salons.

Siehe auch Seite 90

◂ Bei der Dekoration von Schminktischen werden Frauen unglaublich kreativ. Na los, holen Sie sich endlich so ein mondänes Möbel!

Spieglein, Spieglein an dem Schrank ... Möbel aus verspiegeltem Glas bringen Glamour ins Zimmer. Hier glänzt ein Original aus dem Art déco.

Nebendarsteller

Neben den Basics, die in jedes Interior gehören, gibt es Möbel, die nützliches und schönes Beiwerk sind. Oft sind es Stücke, die wir vergessen haben und plötzlich wieder entdecken. Das Beistelltischchen zum Beispiel macht in jedem Raum eine gute Figur. Man holt es hinzu, wenn es gebraucht wird, in der übrigen Zeit darf es Bühne für kleine Stillleben und Arrangements sein. Leer bleiben die stummen Diener nie, einmal im Raum, werden sie im Nu von Bücherstapeln, einer Pflanze oder der Leselampe okkupiert. Praktisch sind Modelle mit abnehmbaren Tablett oder die Platz sparenden „Nest Tables", ein Zweier- oder Dreiersatz, der sich ineinanderschieben lässt. Ein Einzelstück darf gern kapriziös und dekorativ sein. Dank seines Objektcharakters passt ein kunstvoll verziertes Mosaiktischchen mit geschwungenen Beinen in ein verspieltes und ebenso in ein ganz sachliches Zimmer.

Ein Möbel, das zu den fünfziger Jahre gehört wie die Tütenlampe und der Nierentisch, ist der Barschrank. In den Siebzigern wurde er in die Wohnzimmerschrankwand integriert, die verschwand (gottlob) und mit ihr unsere private Cocktailstunde. Schade, denn es geht nichts über einen Aperitif, lässig vor dem Dinner an der eigenen Bar serviert. Schätzen Sie sich glücklich, wenn Sie ein originales Mid-Century-Barmöbel aufspüren, ein schöner Servierwagen kann die Alternative sein. Modern oder alt, werden die Vorzüge dieses Komfort-Tischmöbels gerade wieder entdeckt. Kein Wunder, der mobile Tisch ist ein zuverlässiger Begleiter, wenn Gäste kommen, und lässt sich flott auf die Terrasse oder den Balkon rollen.

▸ Konstantin-Grcic-Memorial-Room oder das Esszimmer von Ralf und Elinor: Stühle, Tafel, selbst der Telefontisch und der Stuhl-Prototyp im Hintergrund sind Entwürfe des Münchner Industrie-Designers.

Designklassiker

Wer einen kauft, sucht ein Produkt, das Standards setzt, das vom Nimbus der Avantgarde umgeben ist und von ewiger Gültigkeit zu sein scheint. Es ist der Rückgriff auf das Beste, was vergangene Epochen zu bieten haben. Designer und Hersteller wie Michael Thonet, der Erfinder des Bistro-Stuhls, oder die Siebziger-Jahre-Ikone Verner Panton schufen die Klassiker der Moderne – aus Holz, Kunststoff und Inspiration. Der Charme, mit dem ihre Möbel ausgestattet sind, entrückt auf eine ästhetische Insel jenseits von Zeit und Raum. Die spannende Kombination von Alt und Neu und das Überbrücken der Epochen ist hier schon längst zum Selbstverständnis geworden. Art déco, Mid-Century und Postmoderne werden bewusst als Gegensätze nebeneinander gestellt.

Ralf und Elinor sind Sammler. In ihrer Wohnung findet man kein Retrodesign, sondern nur originale Stücke. An der Küchenwand über der Werkbank von Bulthaup hängt eine Max-Bill-Uhr in typischem Fifties-Hellblau, daneben eine Applik von Charlotte Perriand aus den dreißiger Jahren. In der Diele hat Elinor einen Teller des russischen Konstruktivisten El Lissitzy auf einer Georg-Nelson-Bank aus den Vierzigern platziert – darüber schwebt Verner Pantons „Flower Pot" in Tomatenrot. Früher hat sich ein Stück erst nach jahrelangem Gebrauch als zeitlos erwiesen. Heute dagegen werden von den Herstellern mithilfe immer neuer Strategien Möbel in den Status des Modernen Klassikers erhoben, die dann in hochpreisigen autorisierten Neuauflagen weite Verbreitung finden. Ralf und Elinor halten davon wenig. Da setzen die beiden lieber auf zeitgenössisches Design und kombinieren ihre echten Klassiker mit ganz modernen Stücken. Wohl wissend, dass auch ein kontrollierter Stilmix, der sich nur auf Bewährtes verlässt, langweilig werden kann. Scheu, sich auf ganz neue Formen einzulassen, haben die beiden nicht. Mit Verstand und Kennerschaft haben sie sich für die Möbel von Konstantin Grcic entschieden. Im Wohnzimmer dominieren neben Perriand-Regal und Eames-Sessel die geometrischen Möbel des Industriedesigners. Im Frühjahr 2006 war Grcic mit einer eigenen Ausstellung im Münchner Haus der Kunst vertreten – auch seine Entwürfe gelten inzwischen als sichere Wertanlage. Und da ein Interieur auch in gutem Design erstarren kann, braucht es Akzente, die es erden, die es ganz persönlich machen.

Das schönste Beispiel dafür finden wir in Ralfs und Elinors Schlafzimmer. Dort steht im Regal neben Fotos, Jouve- und Memphis-Keramiken ein Paar fein polierter lederner Babybudapester, das erste Schuhpaar von Elinor.

SURVEYOR
100 75 50 25

B7
X
5
6
7

◀ Über der Bank von Harry Bertoia, ein Entwurf von 1952, fährt ein Tross aus Staatskarossen in einem Foto von Martin Sewcz.

▶ Minimalismus braucht maximale Akzente: Die hellblaue Fifties-Uhr von Max Bill wacht über einer blank polierten Küchenwerkbank von Bulthaup.

◀ So manche Lady wird diesen Sessel um sein neues Pucci-Dress beneiden. Die Seide des legendären Star-Couturiers schmückt hier zwei Rokoko-Fauteuils.

◂ Was macht den Leuchter so besonders? Seine französische Eleganz. In einem Münchner Schlafzimmer strahlt er erst seit Kurzem, davor erhellte er ein kleines Lokal in der Bretagne.

Antik-Chic

Ausgefallene Stücke kommen in der artfremden Umgebung oft erst richtig zur Geltung – der Bruch mit Antiquitäten macht ein modernes Interieur erst richtig spannend. Gerade das weiß getünchte Esszimmer verträgt den alten Leuchter mit mundgeblasenen Früchten aus Muranoglas, vielen glitzernden Kristalltropfen und Leuchtkerzen in Blütenform. Was in einer stilgetreuen Wohnung vielleicht überladen vorgekommen wäre, wird so zum Akzent und Stimmungsmacher. Außerdem gibt es Möbel, die wurden früher einfach besser gemacht. Die Vitrine ist so ein Beispiel. Auch wenn sich die Möbelhersteller in den letzten Jahren sehr darum bemühen – ein gutes Stück aus dem Biedermeier wird jeder modernen Variante den Rang ablaufen. Die Lounge-Formen der sechziger und siebziger Jahre sind überzitiert, die Designer entdecken das Barock wieder. Firmen produzieren heute avantgardistische Sekretäre mit kunstvoll gedrechselten Beinen und Kronleuchter aus Plexiglas. Da wird man schnell wehmütig und träumt von einem echten Stück aus der Ära der großen Madame Pompadour. Doch echte Rokokomöbel sind rar und oft unbezahlbare Exponate.

Stilmöbel sind eine günstige Alternative. Gewagt farbig lackiert – bei Kommoden und Schränken samt Griffen und Knöpfen! – werden sie zum modernen Einrichtungselement. Was wir uns bei dem originalen Art-déco-Stück nie getraut hätten, kann hier getrost einmal ausprobiert werden: Wir dürfen bekleben, bemalen, Tischplatten auswechseln, ganze Schubladen weglassen – Stilbrüche lassen sich traumhaft mit ihnen zelebrieren.

Zimmerschmuck

Die Kunst sich auf Kleinigkeiten zu verstehen

▸ Licht dimmen, Räucherstäbchen anzünden und Ambient Dub auflegen – dekorativ sind Buddhas allemal, therapeutisch aber auch!

◂ Rokoko rocks: Das Dekor des Tee-Services „Sanssouci Elfenbein“ von Rosenthal ist gewagt. Und passt gerade deshalb zum grünweiß-karierten Wachstischtuch.

▸ Diese Bewohnerin mag die Swinging Twenties und hört garantiert Billy Holiday und Josephine Baker.

Die kleinen feinen Dinge

Wir haben eine Schlafzimmerwand tapeziert und im Flur einen antiken Lüster montiert, im Wohnzimmer steht ein schickes neues Sofa und daneben unser alter Clubsessel mit neuem Kleid – ein Samt in Altrosé. Jetzt geht es an die Feinarbeit. „Geschmack ist die Kunst, sich auf Kleinigkeiten zu verstehen“, wusste Jean-Jacques Rousseau bereits im 18. Jahrhundert. Ein weiser Satz, denn es sind die Details, die ein Outfit adeln und ebenso ein Interieur. Oft macht uns das beim Einrichten am meisten Spaß – Plätze und Ecken zu finden für Dinge, die wir von Reisen mitgebracht haben, die wir sammeln oder die bloße Augenfreude sind. Dekorativ kann so vieles sein: altes Tafelsilber, das wir nicht länger in der Schublade verstauben lassen sollten, ebenso wie der Zeitschriftenstapel in der Ecke. Allein die Präsentation macht den Look: Schichten wir die Zeitschriften akkurat aufeinander und legen wir ein schickes Modemagazin obenauf, bekennen wir uns als Ästhet und nicht als notorische Gelegenheitsstapler. Männer lächeln bisweilen über den weiblichen Dekorierzwang, präsentieren aber ihre „Criterion“-DVD-Sammlung wie Schmuckstücke im Regal und philosphieren stundenlang über die Vorzüge eines herausziehbaren Brausekopfs für das Spülbecken. Detailverliebtheit ist kein weibliches Phänomen. Sie zeigt, dass wir aufmerksame Beobachter sind und uns mit Kompromissen nicht zufrieden geben. Für den Mix in unserer Wohnung sind die kleinen feinen Dinge ein unverzichtbares Stilmittel, sie schaffen das Gleichgewicht. Manchmal halten sie sich diskret im Hintergrund und geben einem schönen Möbelstück den Vortritt – und oft haben sie ihren ganz großen Auftritt.

◂ Kabinettstudie: Hier wird das Bücherregal zum bunten Setzkasten für Kunst- und Designobjekte.

Im Museum würde die silberne Colaflasche von Andy Warhol allein in einer Vitrine stehen. Zu Hause bei Ralf und Elinor findet sie ihren Platz auf dem Zeichenschrank, neben Memphis-Leuchte oder Donald-Duckfigur.

Von Azur-Blau bis Schwarz mit Dschungel-Grün, so aufregend schillern nur die Farben der Natur: drei Schmetterlinge hinter Glas.

Details

Sie dürfen die Küchenzeile in Ihrer Mietwohnung nicht rausnehmen? Dann möbeln Sie die Schrankfronten mit neuen Griffen auf. Ein einfacher Trick mit absolut verblüffendem Effekt, der bei der Kommode und ebenso bei der Zimmertür funktioniert. Wie Schmuck ein Kleid, können glänzende Knäufe und Griffe ein Möbel erst richtig zur Geltung bringen. Eine mit Federn ausstaffierte Schlüsselquaste verleiht sogar einem alten Blechschrank Glamour. Auch die Gestaltung Ihrer Armaturen sollten Sie nicht einfach hinnehmen. Wenn Sie kein Freund von modernen Wasserhähnen sind, die sich dank Einhandmischer oft nur schlecht tarieren lassen, müssen Sie nicht auf das praktische Modell aus dem Baumarkt ausweichen. Eine formschöne Alternative ist zum Beispiel ein viktorianischer Wasserhahn. Seine nostalgischen Drehknöpfe lassen sich ganz leicht bedienen und wirken in einem modernen Ambiente äußerst charmant. Vielleicht fällt es Ihnen lange Zeit nicht auf. Doch irgendwann stört Sie die geriffelte Glasfüllung Ihrer Küchentür, die noch aus den sechziger Jahren stammt? Lassen Sie das Ornament- durch (farbiges) Klarglas ersetzen, schon weht ein Hauch moderner Eleganz in die Küche hinein. Auch Sie haben die Erfahrung gemacht – es gibt sie nicht, die schlichte „schöne“ Vorhangstange. Aber selbst die feinste italienische Seide hängt wie eine Trauerweide im Schlafzimmer, wenn sie auf das geringste Übel aus dem Einrichtungshaus aufgezäumt wird. Ein einfaches Stilmittel ist eine im gleichen Stoff bezogene Schabracke. Sie kaschiert die Stange und zeigt, dass Sie von echten Profis gelernt haben – Interior-Desiger verwenden die schmucke Verblendung nämlich mit Vorliebe. Wenn Sie jetzt noch den Vorhang mit einer leichten Baumwolle füttern, zaubern Sie den Look einer eleganten Suite ins Schlafzimmer.

▸ Nicht Bauhaus, sondern Baumarkt: In Kombination mit eleganten Armaturen stellt das 15-Euro-Waschbecken ein Designer-Modell ganz lässig in den Schatten.

have a nic
Glänzer
wipp
Persil
ROACHES
illy
illy

Interview mit Anette Stylistin für Fotoproduktionen Mode und Werbung

Was ist für dich bei der Einrichtung wichtig?
Alles, worauf ich selbst gewählt mein Auge ruhen lasse, soll mich erfreuen, beruhigen, inspirieren. Der einzige Platz, den ich wirklich hundert Prozent nach meinen Vorstellungen gestalten kann, ist meine Wohnung und idealerweise mein eigenes Haus.

Die Trends ändern sich immer schneller. Wie kann man noch einen eigenen Geschmack entwickeln?
Indem man sich von Trendhörigkeit befreit. Am besten hört man genau in sich hinein. Was braucht man, um sich wohl zu fühlen? Erinnerungen und Sammlungen, Kühle und Klarheit? So verschieden wie wir sind, sollten auch unsere Wohnungen sein.

Wie wichtig ist für dich das Thema Crossing beim Einrichten?
Die Essenz. Für mich ist es eine Mischung aus Erinnerungen an meine Kindheit in den sechziger Jahren, die von Wildwest-Pioniergeist und Holzfällerhütten-Charme geprägt war, aber auch immer der Beschränkung auf das Notwendige.

Gibt es Regeln?
Alles ist möglich, solange Farben und Formen harmonieren und sich ergänzen.

◂ Tiki meets italienische und deutsche Kaffee-Kultur. Neben den Illy-Tassen stapeln sich fröhlich bunte von Dibbern.

Was ist mehr authentisch? Das Designermöbel oder der Flohmarktfund?
Authentisch ist, was die Persönlichkeit unterstützt und unterstreicht. Solange du mit deiner Selbstdarstellung zu Hause spielst und dich nicht verstellst – also nicht vorgibst ein anderer zu sein, ist alles echt.

Wann ist die Zeit reif für eine komplett neue Einrichtung?
Wenn sich dein Leben verändert, willst du auch deine Wohnung verändern.

Inneneinrichtung ist nicht jedermanns Sache. Manche Menschen haben Talent, andere nicht. Ist das ein Vorurteil?
Diejenigen, denen es wichtig ist, nach ihren Bedürfnissen zu forschen, werden ihr Talent entdecken.

Wie wichtig sind für dich Details?
Ich bin detailbesessen! In meiner Wohnung finden sich überall kleine Installationen. Wenn ich viel Zeit zu Hause verbringe, verändern die sich ständig.

Wirfst du Dinge wieder raus?
Sehr oft! Ausmisten und reduzieren findet bei mir häufig statt. Neuanschaffungen oder gar Schnellkäufe gibt es kaum, ich versuche langsam und vorsichtig auszuwählen. Ein kleiner Tipp: Bloß nicht die Wohnung voll stopfen! Es ist besser, wenige Stücke mit Bedacht zu wählen und liebevoll auf Details zu achten.

FASHION VICTIM

Jeder Mensch erliegt dann und wann einem Einrichtungstrend – Accessoires lassen sich schnell wieder austauschen, ohne dass die Wohnung darum herum auf den Kopf gestellt werden muss. Mit Tagesdecke, Kissenbezügen und einzelnen Schalen, Vasen oder Krügen können Sie ohne großen Aufwand dem Leoparden-Look oder 1001 Nacht verfallen. Und wenn Sie geschickt und mit Blick für Qualität ausgesucht haben, müssen Sie auch dann nicht alles ausrangieren, wenn Sie sich wieder nach braver Bürgerlichkeit sehnen. Nur stimmig muss die Zusammenstellung sein. Zum klaren Asia-Geschirr passen Sets aus Bast und eine einzelne Blüte besser als eine karierte Tischdecke und ein Streublümchenstrauß. Der moderne Holztisch als Unterlage darf dagegen bleiben wie er ist, auch wenn wir ihn morgen mit Damast und Delfter Porzellan eindecken.

Siehe auch Seite 60

Souvenirs

Sie sind viel mehr als dekorative Mitbringsel. Sie erzählen einen Teil unserer Geschichte, zeigen die fremden Länder und Kulturen, die wir kennen gelernt haben. Unsere liebsten Erinnerungsstücke erstehen wir in der Regel nicht im Souvenirshop, sondern zufällig am Wegesrand. Julia war früher Moderedakteurin und viel in der Welt unterwegs. Das Bild über ihrem Küchentisch stammt aus einem Frisörsalon in Kapstadt, das sie dem südafrikanischen Besitzer abgeschwatzt hat. Es zeigt den immer gleichen Kopf mit verschiedenen Frisuren: die vier Haarschnitte, die im Salon gemacht werden. Einen Kronleuchter hat sie in einem Restaurant in Frankreich aufgespürt. Er hing dort ziemlich verschmutzt und heruntergekommen. Für 150 Euro nahm sie ihn mit zurück nach München und ließ ihn nach gründlicher Reinigung elektrifizieren. Jetzt strahlt er über dem Bett. Mit unseren Reiseerinnerungen setzen wir Akzente in der Wohnung. Wir müssen unser Schlafzimmer nicht gleich in das Boudoir von Suzie Wong verwandeln, ein einzelner Schrank in rotem Lack bringt China zu uns nach Hause. Auch Materialien und Handwerkstechniken erzählen von fernen Ländern und fremden Kulturen, erinnern an Sonne, Strand und Meer. Stühle und Sessel aus Hyazinthengras oder Twill auf Gestellen aus Rattan und Malakkarohr, lassen an die schönen Seiten der Kolonialzeit denken, an ein Glas eisgekühlten Gin-Tonic auf der Veranda, während die Geckos um die Lampe flitzen. Weniger ist mehr. Gerade beim Ethno-Style reichen ein paar gezielt gesetzte Akzente, sonst wird man schnell überdrüssig und das Interieur driftet in eine Schublade, wie „Bali“ oder „Zen“ ab. Auch hier macht gerade die Mischung Spaß. Lassen Sie ruhig die ganze Welt ins Haus und mixen Sie Wildwest-Romantik mit Buddha-Style und marokkanischem Berber-Flair. Ein Geweih an der Wand, eine Bronze aus Tibet auf dem Tisch und darüber eine Moschee-Lampe – Harmonie der Kulturen. Perfekt!

▲ Aufwändiger Kopfputz, riesige Creolen und Baströckchen, so flirteten die fünfziger Jahre mit Exotik und Erotik. Die African Queens sind Keramik-Raritäten von Cortendorf.

◄ Wir leben nun mal im 21. Jahrhundert. So träumen Minimalisten vom Wilden Westen.

▲ Kultur und Natur: Zwei Stuhlklassiker von Eames, drei Geweihe – mehr braucht ein modernes Küchenstillleben nicht.

ALPENGLAMOUR

Auch unter den Accessoires gibt es Moden und Trends – und es gibt Klassiker. Alpenglamour ist so ein zuverlässiger Look. Fast alle Bewohner in diesem Buch haben sich dafür entschieden. Ein Kuhfell auf dem Boden, ein Geweih an der Wand – mit diesen Versatzstücken lassen wir ein Stück urwüchsige Natur ins Haus. Dabei werden ganz unterschiedliche Bedürfnisse gestillt: Manchmal sehnen wir uns nach ein wenig Wildwest-Romantik und der Weite der Prärie, manchmal nach der Nostalgie eines verschneiten Chalets in den Schweizer Bergen. Kombinieren wir ein ausladendes Geweih mit einem Kronleuchter, dann holen wir Glamrock ins Zimmer. Breiten wir kuschlige Lammfelle vor einem Kaminfeuer aus, wird es zur sinnlichen (Laster-) Höhle. Den Bruch mit der Moderne haben Designikonen bereits in den zwanziger Jahren vorgeführt. Architekten und Möbeldesigner wie Eileen Grey, Marcel Breuer oder Le Corbusier ließen ihre Stahlrohrmöbel oft und gern mit Kuh- oder Ponyfell beziehen. Dekorativ und zeitlos ist der Chic Rustique immer, und manchmal auch äußerst praktisch: Geweihe und Hörner lassen sich wunderbar zu Garderobe-Haken umfunktionieren!

Siehe auch Seiten 36 und 104 ←

Sammlungen

Beim Fotografieren unserer Wohnbeispiele hat sich gezeigt, dass fast alle Bewohner eine Sammelleidenschaft haben. Ralf und Elinor sammeln Designklassiker, Ivonne Teddybären, Marion weißes Bisquitporzellan, Fifties-Keramiken, Vasen aus Muranoglas und noch vieles mehr. Unsere Lieblinge zeigen wir gern. Was uns so viel Spaß macht, darf auch unsere Gäste erfreuen. In der Regel sind es dekorative Stücke, die ein Interieur mit Leben füllen, ihm eine ganz persönliche Note hinzufügen. Schön, wenn wir dann zu dem einen oder anderen Objekt, eine Geschichte erzählen können – wie es zu uns gelangt ist, wo wir es aufgespürt haben. Noch schöner, wenn wir den Platz in der Wohnung finden, um unsere Preziosen richtig in Szene zu setzen. Nur allzu gern errichten wir kleine Altäre, für die Dinge, die uns lieb und teuer sind. Julia hat zahlreiche Fotos in hübsche Rahmen gepackt und auf dem Sideboard aufgestellt, Marion zeigt ein Meer von Votivkerzen auf der Esszimmerkommode. Beim Arrangieren unserer Schmuckstücke werden wir richtig fantasievoll, wir inszenieren sie wie kostbare Stillleben. Da steckt in uns allen ein Künstler – und wieder ein Kind. Früher haben wir Abziehbildchen getauscht und mit Begeisterung kleine Figuren in Setzkästen gestellt, heute dekorieren wir unser Regal mit Mokkatassen. Fangen Sie an! Sammeln Sie alte Spielzeug-Roboter, buntes Glas, Scherenschnitte oder Kakteen. Wenn Sie sich einmal dazu entschlossen haben, werden Sie erstaunt sein, wie schnell Ihre Sammlung wächst und Ihrer Wohnung Charakter verleiht.

▲ Familienfotos an der Pinnwand? Das ist doch ignorant. Unsere Lieben haben schmucke Rahmen verdient!

▸ So macht die private Andacht Spaß. In diesem Herrgottswinkel treffen sich Kerzen, Andachtsbilder und Memorabilien von schrill bis schräg.

ND de LOURDES

Zimmerpflanzen

Das Usambara-Veilchen auf dem Fensterbrett, die Geranie auf dem Balkon: Als Symbol braver Spießbürgerlichkeit haben wir die Topfpflanze in den Wohnungen unserer Großeltern kennengelernt. Kein Wunder also, dass wir dem natürlichen Zimmergrün mit einiger Skepsis gegenüber stehen. Nicht, dass wir es nie damit versucht hätten. In den Achtzigern stellten wir Yucca-Palme und Bananenstaude zwischen Glastisch und schwarze Ledercouch. Dann folgte die Terrakotta-Zeit, in der ein Zitronenbäumchen im rostroten Übertopf in der Küche nicht fehlen durfte und trotz sorgsamster Pflege spätestens nach einem Monat kläglich verkümmerte. Zimmerpflanzen sind heute ein kontroverses Thema. Als Solitär funktionieren sie selten, hübsch dagegen sehen sie in der Vielzahl aus, wenn sie zum Beispiel (gut gepflegt!) eine schlichte Blumenbank aus den sechziger Jahren schmücken. Sich im 21. Jahrhundert wieder einen Gummibaum ins Wohnzimmer zu stellen, erfordert Mut. Langsam – ganz langsam entdecken wir die Topfpflanze wieder.

Flower Power

Wenn es noch Zeit braucht, bis Sie sich an Zimmerpflanzen heranwagen, dann sagen Sie es mit Blumen. Hier gibt es keine Ausreden. Schnittblumen sind einmalig dekorativ und gehören in jedes Interieur. Aber – nicht jede passt in jedes Gefäß: Zweige mit Kirschblüten stehen der Fifties-Keramik, ein Rosenstrauß der bauchigen Porzellan-Amphore, ein Veilchenstrauß dem kleinen Silberbecher. Vasen kann man nie genug haben, also verteidigen Sie sich nicht, wenn Sie schon wieder eine kaufen – Sie dürfen!

◂ Rezeptur für die Wellness-Oase zu Hause: Viel Weiß, raffinierte Lichtspiele und eine exotische Topfpflanze.

▲ Nein, wir sind nicht in Japan. Dort gibt es draußen Zen-Gärten und keine braven deutschen Hecken. Ein raumgreifender Ast macht diesen klaren Wohnraum lebendig.

▸ Wie, Sie gönnen sich nicht jede Woche frische Blumen? Dann wird es aber Zeit. Eine einzelne Blüte setzt ebenso einen Akzent wie ein ganzer Strauß.

▸ Tulpen sind gar nicht so brav. Einmal aufgeblüht trumpfen sie mit Sinnlichkeit und Glamour.

◂ Der Kaktus. Männer mögen ihn. Warum das so ist, hat noch niemand erforscht. Höchste Zeit es einmal heraus zu finden …

Blatt- und Blüten-Guide für die Wohnung

Nicht jedes Interieur verträgt Pflanzen und manche passen nur in ein ganz bestimmtes. Pop, Romantik, Zen oder Klassik, für jeden Stil gibt es eine eigene Auswahl an Blättern und Blüten. Sie lieben es opulent und haben sich im Entrée für eine dunkel gemusterte Tapete und einen Kronleuchter entschieden? Stellen Sie jetzt noch ein rundes Tischchen in die Mitte und darauf einen üppigen Gladiolenstrauß, schon bekommt Ihre Diele den Glanz einer eleganten Hotel-Lobby. Greifen Sie zu, wenn Sie einen schönen Blumentopf entdecken. Es ist ein Accessoire, das die Designer aus ihrem Repertoire gestrichen haben. Wen wundert's, die meisten zeitgenössischen Interieurs scheinen ja ganz ohne Pflanzen auszukommen. Wintergärten waren vor zwanzig Jahren en vogue, heute empfinden wir diese postmodernen Anbauten oft als Fremdkörper. Schön aber, wenn sich der kleine Erker Ihrer Altbauwohnung in ein privates Gewächshaus verwandeln lässt. Entdecken Sie neue Pflanzenarten, oder finden Sie alte wieder. Die Agave erlebt immer wieder ein Comeback, der Ficus Benjamini hingegen gehörte noch nie zur Avantgarde. Eine raumgreifende Zimmerlinde hält die Luft frisch und darf sogar im Schlafzimmer stehen. Mit ihren zartgrünen samtigen Blättern verbreitet sie Poesie im Raum, daneben könnte ein filigranes Schmetterlings-Mobile schweben. Harry Haller alias Steppenwolf wurde in Hermann Hesses Roman immer wieder vom Anblick einer Azalee und einer Araukarie gequält, die sittsam in einem immer frisch gewienerten Treppenhaus vor sich hin sprossen. Auch Pflanzen haben bisweilen einen neuen Kontext verdient. Befreien Sie die Topfpflanze gelegentlich aus ihrem Topf und stellen Sie Azaleenzweige in einer Kristallvase auf den Tisch. Die Wirkung ist verblüffend. Probieren Sie das Gleiche mit einem braven Alpenveilchen. In Pink, als Strauß ohne Blätter, wird es auf einmal schick und modern. Es ist die fast neonfarbene Leuchtkraft seiner Blüten. „Pink ist das bessere Rot", sagte einst Gianni Versace und Karl Lagerfeld ergänzte: „Pink ist Glamour und Exzentrik." Also, wer's lieber eigenwilliger und offensiver mag, der greife zu pinkfarbenen Blüten. Andere Pflanzen in der Glamourfarbe findet man unter Begonien oder Anthurien. Gewächse im Kleinformat, wie Gänseblümchen oder Vergissmeinnicht, lassen sich wunderbar mit farblich passenden Accessoires auf der gedeckten Tafel inszenieren. Tropische Pflanzen wie Lotos, Palmen und Orchideen, laden zur Ruhe und Kontemplation ein und sind besonders wohltuend im Badezimmer. Kombiniert mit Wengéholz, verleihen sie diesem ganz privaten Raum die cleane Eleganz eines asiatischen Spas.

Kunststücke

Bilder, Rahmen, Passepartouts – Wie man Wände gelungen inszeniert

▸ Ferien für immer: Die Fotoarbeit von Wolfgang Stahr zeigt den Ausblick auf den ungarischen Plattensee. Die Dackelleuchten sind aus den sechziger Jahren.

Kunst für zu Hause

Eigentlich möchten Sie nur gute Kunst an der Wand hängen haben? Ein Anspruch, der uns beim Einrichten bisweilen in eine Krise stürzt. Da ist unsere Wohnung endlich fertig komponiert: Mit altem und neuem Design, wenig Geld und viel Fantasie haben wir unser modernes Refugium erschaffen – allein die Zimmerwände sind immer noch blank. Und wir wissen genau was fehlt. Im Wohnzimmer das frische Zitronengelb und Swimming-Pool-Blau eines David Hockneys, im Schlafzimmer die pudrige Eleganz einer Jürgen-Teller-Fotografie. Bei Kunst sind wir wenig zu Kompromissen bereit. Es liegt in der Natur der Sache. Kunst kommt von Können – und Talent kostet. Das fertige Produkt ist autonom – wenn man es will, muss man es wollen wie es ist. Ein schöner Schirm adelt den kitschigen Lampenfuß, ein schöner Rahmen macht aber das schlechte Bild nicht besser. Doch selbst das kleine Budget hindert nicht daran, endlich mit der eigenen Sammlung anzufangen. Auch Kleinformate und Grafiken lassen sich prima in Szene setzen. Die Internet-Galerie Lumas bietet Fotografien zu vernünftigen Einstiegspreisen. Dort finden Sie die Jürgen-Teller-Edition, neben Prints von aufsteigenden Newcomern. Es gibt die Jahresausstellungen der großen Kunstakademien. Auch wenn sich bei der Abschluss-Auktion kein Günter Förg ersteigern lässt, dann doch die Zeichnung seines (Meister-)Schülers. Machen Sie es wie Charles Saatchi, der Londoner Kunstsammler, der in den neunziger Jahren die Young British Artists entdeckte und förderte. Er ging höchstpersönlich in die Studios und kaufte ein was ihm gefiel: von der 100-Pfund-Zeichnung bis zur 10.000-Pfund-Installation. Also, überlegen Sie, ob Sie weiterhin mit leeren Wänden leben wollen, bis Sie sich den David Hockney leisten können, oder spüren Sie Alternativen auf.

◂ Sublime Fotokunst – Eine Stehleuchte bewacht den Eingang zur Bärenhöhle.

▸ Propaganda? Punk? Das Gemälde entstand nach einer Literaturvorlage und zeigt einen buddhistischen Tempelbrand. Daneben steht eine Akari-Lichtskulptur von Isamu Noguchi.

◀ Rot-grüner Salon: In Minkis Wohnzimmer sind Möbel, Accessoires, Kunst und Wandfarbe behutsam aufeinander abgestimmt.

Torino

Tradition und Moderne

Dass Sinn für Tradition und ein zeitgenössisches Interieur wunderbar zusammenpassen, zeigt die Wohnung der Stylistin Minki. Ihre Großmutter war Malerin – im Wohnzimmer hängt ein großformatiges Landschaftsbild von Maria Riese aus den zwanziger Jahren. Die Waldlandschaft daneben ist zwei Jahrzehnte später entstanden und stammt von Minkis Vater, einem Hobbymaler, der das Talent der Großmutter geerbt hat. Farben dominieren die Räume der Münchner Altbauwohnung, in Minkis modernem Salon regiert der Kontrast Rot-Grün. Für Grün ist die Kunst zuständig, Rot-Akzente setzen Möbel und Accessoires. Ein Designklassiker wie Arne Jacobsens Sessel „Swan" leuchtet in Knallrot, über dem Sofa hängen zeitgenössische Grafiken in zarten Grünabstufungen. Sie stammen von einem unbekannten Künstler, der Minki aber spontan gefiel.

◀ Die Zigeunerbraut vom Flohmarkt wurde mit einer Hip-Hop-Kette aufpoliert. Als Kontrast kam eine Abstraktion dazu. Kluger Schachzug: Die Formate passen zusammen.

▶ Porträt-Studie: Neben einem kleinen Ölbild aus den zwanziger Jahren hängt eine zeitgenössische Tuschezeichnung. Das Porzellan-Nilpferd ist von Nymphenburg.

Rahmen-Brevier

Das statistische Lieblingskind, ein Gemälde, ausgerechnet über der Wohnzimmercouch aufzuhängen, ist nicht nur völlig unmodern, sondern in der Regel auch unpraktisch. Ein Bild darf gesehen werden, gerade wenn Sie entspannt sitzen und ein wenig Muße zur Kontemplation haben. Lehnen Sie Bilder an die Wand und lassen Sie sie dort ein paar Tage oder eine Woche auf sich wirken. Sie dürfen auch „gelehnt“ bleiben, das sieht auf dem Fußboden gut aus, ebenso auf dem Sideboard. Ein aufgehängter leerer Rahmen dagegen kann bisweilen eine überraschend suggestive Wirkung haben.

Gerade Kleinformate funktionieren als Arrangements an der Wand. Die kleineren sollten unten, die größeren oben hängen. Wenn Sie verschieden große Bilder nebeneinander positionieren, sollten die Unterkanten auf einer Höhe liegen. Das lässt die Wand nicht in einem wilden Chaos versinken, sondern gibt ihr Struktur. Unterschiedliche Stile, Richtungen und Gattungen können mit einheitlichen Rahmen zu einem komplexen Ensemble werden. Wenn Sie über die Kunst und den Raum verfügen, erzielen Sie bei Großformaten mit der „barocken Hängung“ (über und nebeneinander die Wände bedeckend) eine bombastische Wirkung.

Abstrakte Gemälde vertragen eher schlichte Leisten, während altmeisterliche durch einen opulenten Rahmen gewinnen können. Eine Weisheit, die einen Meister des dekorativen Mix zum Gähnen bringt. Da halten wir es lieber mit den Impressionisten. Sie setzten ihre plänkelnden Freizeitvergnügungen – Sonntagnachmittagsspaziergänge und Ruderpartien – in reich stukkierte Barockrahmen. Konkurrierten die vergoldeten Leisten zu sehr mit den subtilen Tönen ihrer Plein-Air-Malerei, lackierten sie einfach drüber.

Durch eine überlegte Passepartoutwahl kann ein Bild in seiner Wirkung gesteigert und beeinflusst werden. Überlegt, wohlgemerkt. Die Palette dieser smarten Rahmungen im Rahmen geht weit über Schwarz und Weiß hinaus. Legen Sie den Scherenschnitt in ein blasses Rosa, die Rötelzeichnung in ein verwegenes Eisblau. Wenn Farbe, Größe und Struktur der Rahmen einer ganzen Bilderwand stark variieren, schaffen übereinstimmende Passepartouts Harmonie.

▲ Yves Saint-Laurent hätte seine Freude an diesem eleganten Ensemble. Die Blockstreifen hat Nino passend zu den Dekogegenständen selbst gemalt.

▶ Bitte Lila! Feine Farbakzente bei den Textilien lassen diese Bilderwand erstrahlen.

VOLKSKUNST

Volkskunst – das klingt fast so verstaubt wie Volkshochschule. Doch gerade die ist in der Regel bezahlbar und bringt in unsere durchgestylten Wohnwelten oft Humor und eine herzergreifende Natürlichkeit. Eine winzige mexikanische Skelett-Band, die im Schaukasten Salsa spielt, lässt uns mit einem Augenzwinkern über die Vergänglichkeit nachdenken, und afrikanische Figuren und Masken wachen ungeniert über Rokoko-Möbel und modernem Design.

Siehe auch Seite 117

▸ Dìa de Los Muertos: So fröhlich beweinen die Mexikaner ihre Toten. Das Souvenir zeigt eine kleine Skelett-Band, die im Schaukasten Salsa spielt.

DAS GROSSE

BILL HENSON
SONY

Was noch alles an die Wand darf

Meißen, Herend, Nymphenburg. Ihre Dessert-Teller, die Sie im Laufe der Jahre zusammengetragen haben, sind eigentlich viel zu schön und kostbar, um beim nächsten Kaffeekränzchen einen Bruch zu riskieren? Dann hängen Sie die Schmuckstücke auf wie eine Bildersammlung. Und wenn Ihr brüchig gewordenes Jugendstilkissen die nächsten Attacken Ihres Vierbeiners mit großer Wahrscheinlichkeit nicht überstehen wird, bringen Sie die Kissenhülle in Sicherheit, hinter Glas und an die Wand. Entwickeln Sie Fantasie und trauen Sie sich: Dann entdecken Sie, dass der ornamental geknüpfte Teppich als Wandläufer zum Schauläufer wird.

Wohnen mit Kunst

◂ Ein Hochglanz-Möbel, dekoriert mit Accessoires und ein farblich passendes Bild dazu. Da scheint es gar unglaublich, dass sich das schicke Sideboard als Küchenoberschrank von Ikea entpuppt.

Grundsätzlich gilt: Eine opulente Wohnung verträgt moderne Kunst, eine minimalistische auch mal ein altmeisterliches Ölbild. Ein monochromatisches Gemälde kann einem sehr vollem Zimmer Ruhe geben, eine bewegte Barockszenerie der Küche Leben.

Großformatige Gemälde in Öl oder Acryl sind oft teuer. Vielleicht entdecken Sie Ihr Lieblingsmotiv auch in einem Aquarell oder in einer Zeichnung? Radierungen, Holzschnitte, Lithografien – schöpfen Sie aus dem enormen Fundus der druckgrafischen Bilder. Auch Fotografien gibt es als großzügige 1-auf-2-Meter-Abzüge. Eine filigrane Technik wie der Scherenschnitt wird heute von so namhaften Künstlern wie Kara Walker hervorgebracht.

Natürlich. Kunst sollte die eigene Fantasie anregen, ihr neue Wege zeigen und sie beflügeln. Sie sollte helfen, Dinge aus verschiedenen Perspektiven zu sehen und den Anstoß geben, das Leben und die Umwelt zu verändern. Zu Hause darf sie aber einfach schönes Beiwerk sein. Sich Kunst zu leisten, heißt sich einen eigenen Geschmack zu leisten. Solange Sie sich nicht überlegen, ob der Electric Chair zu Ihrer Sofa-Garnitur passt (das hat selbst den liberalen Andy Warhol auf die Palme gebracht), ist es völlig in Ordnung, wenn Sie sich lieber für eine sinnesfrohe Malerei entscheiden, als für intellektuelle Polit-Art. Also, don't worry, Kunst darf schön sein und sie darf gefallen. Fast jede seriöse Privatsammlung hat so angefangen: mit guter dekorativer Kunst für die Wohnung. Am Ende ist unser Zuhause vielleicht selbst zu einem riesigen dreidimensionalen Bild geworden.

Unsere Wohnungen zeigen die Facetten und Widersprüche, mit denen wir leben, und sind oftmals der schönste und ehrlichste Ausdruck der eigenen Kreativität.

Sieben Schritte zur eigenen Sammlung:

- Kaufen Sie, was Ihnen gefällt. Beginnen Sie getrost Kunst für die Wohnung zu sammeln, das ist die sicherste Aktie auf dem Weg zu einer gewinnbringenden Kollektion.

- Sammeln Sie die Kunst Ihrer Zeit. Das ist günstiger und herausfordernder als alte und neue Meister. Schließlich wollen Sie die Warhols und Basquiats von morgen entdecken.

- Schulen Sie das Auge. Gehen Sie in Museen, besuchen Sie Sammlungen, diskutieren Sie mit Galeristen. Das macht Spaß, kostet nichts, bringt aber Know-how – und das haben Sie auf dem sensiblen Kunstmarkt dringend nötig.

- Auf die Qualität, nicht auf die Quantität kommt es an. Kaufen Sie lieber ein außergewöhnlich gutes Bild, anstatt ein paar mittelmäßige.

- Werden Sie zum Spezialisten. Egal ob Sie sich für chinesische Propaganda-Plakate oder Miniaturen aus dem Biedermeier entscheiden, eine lückenlose Nebenschiene ist besser als ein Allerlei mit großen Lücken.

- Überwinden Sie Ihre Schwellenangst und seien Sie nicht zu misstrauisch. Nachdem Sie ein paar Galerien besucht haben, werden Sie feststellen, dass Kunst durchaus erschwinglich ist. Und wäre der Händler unseriös, hätte er hier wahrscheinlich keine Galerie mehr.

- Lassen Sie sich nicht verunsichern oder durch Gerüchte beeinflussen. Kaufen Sie Ihre Bilder und warten Sie in aller Ruhe ab. Die Kunst denkt in Dekaden.

▸ Graffiti-Kunst für zu Hause: Explodierende Sterne, Häschen, kleine Mädchen – drei Bilder der französischen Künstlerin Miss Van.

◂ Aufwändig gerahmt oder lieber groß gezoomt? Fotografien sind vielseitig und eignen sich ideal als Einstieg für eine Kunstsammlung.

▸ Glamour-Ladys: Vor der Kopie des Tamara-de-Lempicka-Gemäldes steht ein Original aus dem Art déco. Die grüne Tischleuchte ist ein Souvenir aus Hollywood.

Die Autorinnen

Jana Jung, geboren 1971 in München, entwickelt für Callwey Buchkonzepte im Bereich Interiordesign. In „Wohne lieber ungewöhnlich" präsentiert sie ihre Ideen, zeigt ihre Lieblingsräume und spricht mit den Wohnungsbesitzern.

Simona Heuberger beschäftigt sich mit den Themen Stil, Wohnen und Design. Nach dem Studium der Kunstgeschichte in München und London war sie u.a. Redakteurin bei AD Architectural Digest. Die freie Autorin und Journalistin unterrichtet an der Akademie für Mode und Design und arbeitet regelmäßig für die Designausgaben des SZ-Magazins. Sie hat den Text für dieses Buch geschrieben.

Der Fotograf

David Steets wohnt und arbeitet in München. Als Fotograf hat er u.a. bereits für die Zeitschriften GEO, GQ und den Stern gearbeitet, sowie für die Süddeutsche Zeitung und Die Zeit. Für seine Arbeiten ist er mehrfach ausgezeichnet worden.

Impressum

www.callwey.de, E-mail: buch@callwey.de

Die Deutsche Bibliothek verzeichnet diese Publikation in der Deutschen Nationalbibliografie; detaillierte bibliografische Daten sind im Internet über http://dnb.ddb.de abrufbar.

ISBN 10: 3-7667-1672-7
ISBN 13: 978-3-7667-1672-9

Umschlaggestaltung: Callwey Verlag

Gestaltung Innenteil: Schmid / Beisenherz Mediendesign, Daniela Mecklenburg

Druck und Bindung: Fotolito Longo, Bozen

Printed in Italy 2006

Bildnachweis

S.16 Pierre Frey
S.29 ©iStockphoto.com/redmark
S.48 Pierre Frey
S.49 Federico Cedrone für Bisazza
S.57 Ottavio Tomasini für Bisazza
S.60 Spina, www.spinadesign.co.uk
S.63 ©iStockphoto.com/NNehring
S.64 ©iStockphoto.com/NNhering
S.73 Federico Cedrone für Bisazza
S.76 ©iStockphoto.com/rangerx
S.89 ©iStockphoto.com/Jaap2
S.98 ©iStockphoto.com/lisegagne
S.120 ©iStockphoto.com/scottdunlap
S.122 ©iStockphoto.com/Clivia
alle anderen Fotos: David Steets

Danksagung

Unser besonderer Dank gilt all denen, die uns so bereitwillig die Türen zu ihren Wohnungen öffneten und uns gestatteten, ihre Privatsphäre einem breiten Publikum zugänglich zu machen: Julia Schmidt (www.julies-shop.de), Marion Kistler und Larbi Iadil, Claus Neuleib (www.arno-design.de), Norbert Schmitz, Grit Stern, Nino Sabatino, Birgit Otte, Sandra Gottwald, Minki Reichardt, Ralf Eibl und Elinor Shmueloft, Uwe Heilig, Gabi Strassburger, Hans Schmid, Christine Pohlmann, Yvonne Fehn (www.private-boutique.de) und last but not least Anette Debus.